指数基金投资

从新手到高手

INDEX FUND INVESTING

罗斌 著

民主与建设出版社

·北京·

图书在版编目 (CIP) 数据

指数基金投资从新手到高手 / 罗斌著 . — 北京：
民主与建设出版社 , 2020.9
ISBN 978-7-5139-3146-5

Ⅰ . ①指… Ⅱ . ①罗… Ⅲ . ①指数－基金－投资
Ⅳ . ① F830.59

中国版本图书馆 CIP 数据核字 (2020) 第 145954 号

指数基金投资从新手到高手
ZHISHU JIJIN TOUZI CONG XINSHOU DAO GAOSHOU

著　　者	罗　斌	
责任编辑	吴优优	
装帧设计	淼　玖	
出版发行	民主与建设出版社有限责任公司	
电　　话	（010）59417747　59419778	
社　　址	北京市海淀区西三环中路 10 号望海楼 E 座 7 层	
邮　　编	100142	
印　　刷	大厂回族自治县彩虹印刷有限公司	
版　　次	2020 年 12 月第 1 版	
印　　次	2020 年 12 月第 1 次印刷	
开　　本	710mm×1000mm　1/16	
印　　张	17	
字　　数	250 千字	
书　　号	ISBN 978-7-5139-3146-5	
定　　价	58.00 元	

注：如有印、装质量问题，请与出版社联系。

基金作为一种操作简单、风险较小的理财工具，特别适合普通大众。而基金家族中的指数基金，更是基金投资界的宠儿，备受投资者的推崇，投资大师巴菲特更是对其欣赏有加。

　　为什么指数基金深受青睐呢？这是因为指数基金的周转率及交易费用都比较低，管理费用也处于较低的水平。由于指数基金是以一篮子股票或债券为标的的，所以，为了与指数保持同步，就不需要经常更换股票，长期持有优势特别明显。

　　进行指数基金投资，需要综合各方面，选择一只可靠的指数基金。不管是沪深300指数，还是上证50指数、上证180指数等，各个指数都有自己的优缺点，收益的多少也有差异，而且各自受到的影响因素也不一样。如果投资者对某只指数基金长期看好，那么长期持有这只指数基金，就更能抓住某些交易时机，从而获得高额的收益。

　　投资指数基金的技巧、方法等应有尽有，各位投资大师和投资高手在实践中形成的投资策略，可以说是普通投资者走向指数基金投资成功之路的基石。新手基民进入基金市场，对这些投资大师与投资高手的投资策略进行研读、理解，然后在实践中进行检验，久而久之，也会形成适合自己的投资模式。

　　指数基金的各种优势对基金投资者充满了诱惑，熟知基金交易的各项机制和方法、策略之后，投资者就可以进入角色，在基金市场中施展手法，向指数基金投资高手进阶。当然，在这个进阶过程中，始终会伴随着基本理论和交易方法、策略的学习与掌握，而本书就是一本指数基金投资秘籍，是指数基金投资者获取投资收益的实用指南。

本书内容充实，结构严密，符合指数基金从投资新手到投资高手的进阶学习历程。具体来说，本书内容分为三篇，分别为新手基础篇、修炼提升篇、高手进阶篇。这三篇内容将指数基金投资者所需要的基础知识、提升知识和进阶知识进行了展示，每一部分都力求以凝练的语言把最重要、最实用的内容呈现给读者。

通过对本书的学习，投资者可以掌握指数基金投资的诸多实战技巧、方法、策略，不断提升自己的指数基金投资素养，在指数基金投资中实现财富积累。

目录

新手基础篇

─────── • 修炼提升篇 • ───────

第六章

投资实践，体验最省心的投资工具

● 高手进阶篇 ●

第七章

精通指数基金定投，做投资高手

新手基础篇

第一章

投资新手要了解的指数基金常识

开始存钱并及早投资，这是最值得养成的习惯。

——巴菲特

投资是一种让资产价值继续增值的活动。为了投资，首先，投资者要准备一定的基础资金来保证可以进行投资活动；其次，还需要有一定的投资能力，而这些能力的来源就是学习投资知识。

本章将会从指数基金投资的基础知识讲起，先让投资者知道什么是指数基金，再介绍指数基金投资的环境及运作者，最后介绍指数基金投资的相关风险，以便投资者根据自己的风险偏好，理性选择指数基金进行投资。

新基民必知的指数基础知识

对于指数基金投资者来说，在进行指数基金投资之前，先对指数有一个了解是非常必要的，这样投资者就能在全面理解指数的基础上选择优良的指数基金进行投资活动。

《路透金融词典》对指数的定义是：各种数值的综合，用于衡量市场或经济的变化。

证券市场中的指数可以说是市场的标尺，它可以很好地反映市场的平均收益与波动；另外，指数还是指数基金以及股票指数期货、期权标的的基础。那么，这些指数到底是怎么得来的呢？下面我们将会进行详细的解答。

指数是什么，从何而来

事实上，指数就是一个选股规则，其存在的目的是按照一定的规则挑选出一篮子股票，并将这一篮子股票的平均价格走势给表现出来。

证券公司和指数公司是指数的开发机构。我国的上海证券交易所（简称上交所）开发了"上证"系列指数，深圳证券交易所（简称深交所）开发了"深证"系列指数，中证指数有限公司则开发了"中证"系列指数。

股市有几千只股票，对这些股票进行组合，形成一篮子股票后就能产生一个指数，而这个指数就能反映这些股票的涨跌。每一个指数都对应着一个点数。点数是指数背后公司的平均股价。点数若变动，那么说明相应公司的股价也在变动，所以指数的点数非常重要，它可以帮助投资者分析股市的整体走势情况。

从长期来看，股市是不断上涨的，所以指数的点数也会跟着上涨。正是因为指数长期是上涨的，所以历史越长远，指数的点数越高。这也是指数的作用与意义。

指数的分类标准

依据最简单的指数分类标准，指数被分为宽基指数和窄基指数。宽基指数是指那些代表着整体市场走势的指数，比如沪深300指数、上证50指数、中证500指数、恒生指数、标准普尔500指数、纳斯达克100指数等。窄基指数就是以行业或主题为基础计算的指数。

一般来讲，指数分为六类，如图1-1所示。

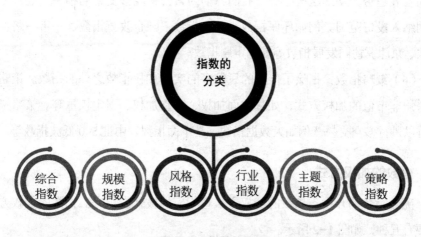

图1-1 指数的分类

（1）综合指数：总指数的综合形式，反映的是总体的价格变动，用于比较量指标。常见的综合指数有上证综指（上海股票市场走势）、深证综指（深圳股票市场走势）、创业板综指（创业板股票市场走势）等。

（2）规模指数：从市值规模角度选择不同成分的股票数量，展现不同板块大、中、小市值股票的走势情况。例如，常见的规模指数有沪深300、中证500、中证1000，就表示A股市场大盘、中盘及小盘市值的股票走势情况。

（3）风格指数：根据股票的风格特征而区分的成长指数和价值指数。例如沪深 300 成长指数、沪深 300 价值指数。但是随着指数对应股票数量的增加，在成长型指数和价值指数之间又出现了二级划分，这种划分被称为"风格萃取"。依据规模进行划分是风格萃取最常见的方法，这样就会出现大盘成长、大盘价值、小盘成长、小盘价值的划分。

（4）行业指数：指按照上市公司的主营业务收入进行分类，参照国际标准和行业指数的可投资性将营业业务属于同一行业的划到一类，形成行业指数。例如，中证全指一级行业就是指信息技术、主要消费、金融地产、可选消费、医药卫生、工业、能源、原材料、电信等行业的价格平均指数。

（5）主题指数：动态跟踪经济驱动因素的投资方式，它通过了解经济体的长期发展趋势，发掘这些趋势背后的驱动因素，将能够受惠的相关产业及上市公司纳入投资范围。例如环保指数、养老指数、国企改革指数、一带一路主题指数、京津冀协同发展指数等就是主题指数。

（6）策略指数：指除了传统的只做多的实质加权指数之外的指数。策略指数采用非市值的加权方式，如基本面加权、财富加权、固定权重等。策略指数还可以进行多空交易，例如大数据指数、基本面指数、中证 500 低波指数等。

指数的加权方式

随着指数的开发，指数的加权方式也相应地被开发出来。指数的加权方式主要有五种，如图 1-2 所示。

图 1-2　指数的加权方式

（1）市值加权：以股票市值作为权重计算出来的指数。计算方法如图1-3所示。

图1-3 市值加权的计算过程

（2）基本面加权：使用基本面因素来决定成分股权重，很多基本面因素都来自公司的财务报表。该指数的计算公式如下。

$$index = \frac{\sum_{i}^{n}=1(p_i \times s_i \times f_i \times c_i)}{divisor}$$

式中，p 为价格，s 为股本，f 为加权比例，c 为基本面调整因子，$divisor$ 为除数。

（3）等权重：指赋予每个成分股相同的权重，即成分股相同的倒数。理论上，权重是要每日进行再平衡的，否则，权重会偏离成分股数量的倒数。在实际中，为了避免烦琐和换手率高的问题出现，通常采用定期再平衡的方法。

等权重不偏向任何一个成分股，在降低那些市值较高股票的权重的同时，也提高那些市值较低股票的权重。

（4）GDP加权：主要用于国际指数，将传统的市值加权，改为以国家或地区的GDP为相应证券赋值的权重。A股市场中的深圳GDP100指数的编制虽然并非GDP加权，但是其行业选择上已经运用了GDP指标，是国内相关方面的初步尝试。

（5）波动率加权：以过去市场的波动率对成分股进行排序加权，对波动率较大的股票赋予较低的权重，对波动率较小的股票赋予较高的权重，以此来构建波动率的权重配置组合。

指数基金：以指数为目标的投资产品

指数基金是专门购买某种证券指数所覆盖的全部或者部分证券并进行指数化投资的股票基金，它按照证券价格指数的编制原理构建投资组合，目的在于获取与该指数变动相同的、反映市场平均水平的收益。

通俗地讲，指数基金就是以特定的股票指数为标的，以该指数的成分股为投资对象，通过购买该指数的全部或部分成分股构建一种投资组合，进而追踪标的指数表现的基金产品。这是一种指数化的投资。

指数资产的种类

按指数标的的投资资产类别进行划分，指数资产可以分为四种，如图 1-4 所示。

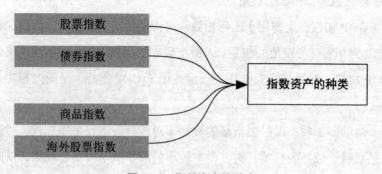

图 1-4　指数资产的种类

（1）股票指数：反映在证券交易所上市的股票组合的走势情况。就我国而言，证券市场中围绕 A 股股票指数的相关 ETF 产品越来越丰富。股票 ETF 兼具基金和股票的优点，是投资者可以选择的一种便捷且费用率低廉的投资产品。这种投资产品由一篮子股票组合构成，风险被化解得更小，比单一投资更加安全。

（2）债券指数：反映债券市场的总体价格走势。债券指数的涨跌反映着债券组合的涨跌情况。国内主要有债券ETF跟踪标的的10年期国债、5年期国债以及城投债等品种，但是这些品种的规模较小，流动性也不高。

（3）商品指数：反映同质化、可交易的商品的价格走势，比如黄金、白银、原油等。商品指数作为大类资产的配置型工具，能帮助投资者优化自身的投资组合，获取稳健的收益。我国目前有黄金ETF、白银LOF、石油LOF三类商品基金，其规模不大，流动性也不高，而且原油LOF跟踪的是海外商品原油的价格，因而跟踪误差较大，场内流动性也差。

（4）海外股票指数：跟踪海外股票市场的指数。国内跟踪海外指数的ETF品种较多，有跟踪纳斯达克100指数、标普500指数以及德国DAX指数的基金产品。

场内指数基金与场外指数基金的概念

（1）场内指数基金：指在交易所上市的指数基金，它可以通过证券公司交易软件进行买入与卖出交易。正是因为场内指数基金可以买入和卖出，所以投资者就可以把握市场涨跌变化波段带来的收益。场内指数基金主要有ETF、LOF和封闭式基金。

这里，我们对场内指数基金ETF和LOF进行一个简单的区分，见表1-1。

表1-1 指数基金ETF与LOF的区分

区别	基金类别	
	ETF基金	LOF基金
申购赎回机制不同	一般使用股票来完成申购和赎回。投资者用一篮子股票来申购ETF基金；赎回时，拿到自己手中的一般是一篮子股票	申购和赎回都以现金额进行

续表

区别	基金类别	
	ETF 基金	LOF 基金
交易效率不同	①交易效率较高 ②场内折溢价较低 ③每 15 秒就有一次基金净值报价	①交易效率较低，例如：在深交所，当天买入，通常是 T+1 日才可以赎回；当天申购，T+2 日才可以卖出 ②在场内的折溢价更高 ③报价效率较低，一天只报几次，甚至一次
参与门槛不同	在申购和赎回上有份额的最低要求，一般至少要 30 万份，有的要 100 万份起步；起点较高，参与的机构投资者较多	申购赎回门槛较低，一般以 1000 基金单位为起点，参与的散户投资者较多

（2）场外指数基金：指通过银行、证券公司、第三方销售平台进行代销的基金，以及基金公司以直销方式进行申购和赎回、不能在沪深交易所进行买卖的基金。场外基金的买卖似乎方便，但实际上场外基金也有一个缺点，那就是场外基金的交易费率较高，申购和赎回都会收取较高的费用。

购买指数基金的渠道主要有三个，分别是银行、第三方代销平台、基金公司直销平台。在一般情况下，第三方代销平台和基金公司直销平台会通过对申购费进行打折来降低费率，但是赎回费不能打折。场外基金的赎回费（通常超过 0.5%）整体高于场内基金的买卖费率（通常单边交易费率为 0.03%，买卖的总交易费率就为 0.06%）。

场内指数基金与场外指数基金的区别

场内指数基金与场外指数基金主要存在五个方面的区别，见表 1-2。

表 1-2 场内指数基金与场外指数基金的区别

区别	基金类别	
	场内指数基金	场外指数基金
交易对象不同	LOF 基金、ETF 基金、分级 A、分级 B	全部开放式基金
交易费率不同	买入或卖出单向交易费率一般不超过 0.03%；在互联网竞争加剧的情况下，现在证券公司的交易费率在 0.02% 左右	申购费率一般为 0.6% ~ 1.5%，赎回费率一般为 0.5% ~ 1.5%
到账时间不同	一般购买后 T（T 为申购日）+1 个工作日后可以卖出，资金 T（T 为赎回日）+1 个工作日到账	申购后 T（T 为申购日）+2 个工作日可以赎回，资金通常在 T（T 为赎回日）+1 个工作日后到账
交易价格不同	按股票交易方式进行，根据供求关系，以实时撮合价交易，价格在交易日的不同交易时间会有所区别	未知价格，以当天收盘净值为价格进行交易，每天仅有一个价格

国内外代表性指数大盘点

自 1971 年世界上第一只指数基金诞生以来，因为其费用低廉、延迟纳税、分散风险等优势而迅速发展，指数基金家族开始兴盛起来。今天，全球指数基金不断推陈出新，开始进入繁荣阶段。伴随着国外指数基金的快速推广，国内指数基金也不断创新发展。目前，指数基金形成场外指数基金、ETF 基金、LOF 基金三足鼎立的局面。

国外常见指数

（1）纳斯达克 100 指数：纳斯达克 100 指数投资的是 100 家大型企业，包括很多新兴经济体，比如我国的阿里巴巴集团，美国的苹果、微软等公司。表 1-3 是纳斯达克 100 指数的简介。

表 1-3　纳斯达克 100 指数简介

	代码	NDX
纳斯达克 100 指数	发展	从 1985 年的 100 点开始，到 2019 年 7 月时，达到了 8027.18 点，34 年上涨了约 80 倍
	国内跟踪规模	截至 2018 年 8 月 31 日，国内有 11 只跟踪纳斯达克 100 指数的基金产品

（2）标普 500 指数：美国影响力很大的一只股票指数，代表着美国的传统经济表现。投资大师巴菲特特别钟情于跟踪该指数的基金，多次向投资者推荐该指数。表 1-4 是标普 500 指数的简介。

表 1-4　标普 500 指数简介

标普 500 指数	代码	SPX
	发展	从 1941 年的 10 点开始，到 2019 年 7 月时，达到 3027.98 点，78 年上涨了约 300 倍
	国内跟踪规模	截至 2018 年 8 月 31 日，国内有 4 只跟踪标普 500 指数的基金产品

国内主流指数

在国内基金市场上，排名靠前的是沪深 300 指数、上证 50 指数、中证 500 指数。

国内指数又以宽基指数和行业指数最为主要。主要的宽基指数有：上证 50 指数、上证 180 指数、沪深 300 指数、中证 500 指数、创业板指数、央视财经 50 指数、恒生指数、H 股指数、上证 50AH 优选指数、策略加权指数等。主要的行业指数有：必需消费行业指数、医药行业指数、可选消费行业指数、养老产业指数、银行业指数等。

1. 国内主要的宽基指数

我们将挑选成分股时不限定行业的指数叫作宽基指数。国内主要的宽基指数见表 1-5。

表 1-5　国内主要的宽基指数

名称	代码	基点	详细情况	特征	跟踪情况
上证 50 指数	000016	1000	以上交所的 50 只市场规模大、流动性好的代表性股票为样本股，反映上交所最具影响力的一批优质大盘龙头企业的整体情况	不能反映国内股市整体走势，规模大，成分股是优质蓝筹股的代表，个股代表性差异大	截至 2018 年 8 月末，跟踪上证 50 指数的基金产品有 22 只

续表

名称	代码	基点	详细情况	特征	跟踪情况
上证180指数	000010	3299.06	是对原上证30指数进行调整更名之后产生的指数,通过最具代表性的样本股反映沪市的运行情况	—	截至2018年8月末,跟踪上证180指数的基金产品有3只
沪深300指数	0000300(上交所)399300(深交所)	—	以上交所和深交所挑选出规模最大、流动性最好的300只股票为样本,是国内最具代表性的指数	产品较多,类型涉及ETF、普通指数、LOF和分级基金	截至2018年8月末,跟踪沪深300指数的基金产品有94只
中证500指数	000905(上交所)399905(深交所)	1000	排除沪深300指数的全部样本股及总市值排名前300名的股票后,在剩下的公司中,选择市值排名靠前的500只企业股票为样本,是国内中型公司的代表	—	截至2018年8月末,跟踪中证500指数的基金产品有56只
创业板综合指数	399102	—	包括全部创业板企业,衡量创业板所有上市公司	创业板上市公司规模较小,尤其是排在创业板公司后面的企业,其交易量更小,流动性较差	—
创业板指数	399006	1000	为衡量创业板最主要的100家公司的表现而设立的		截至2018年8月末,跟踪创业板指数的基金产品有30只

续表

名称	代码	基点	详细情况	特征	跟踪情况
创业板50指数	399673	—	从创业板指数的100家企业中再挑选出流动性最好的50家作为样本股	—	—
央视财经50指数	399550	2563	以A股市场上遴选出的50家优质上市公司为样本股，由深圳证券信息有限公司对五个维度进行权重优化，每一个维度有10只股票	依据专家的选股能力选择样本股，规则不够透明，所以是一种特殊的指数	截至2018年8月末，跟踪央视财经50指数的基金产品有5只
恒生指数	HSI	100	以在香港上市的公司中规模最大的50家企业为样本股	历史悠久，收益稳定，是一只老牌优异指数	截至2018年8月末，跟踪恒生指数的基金产品有16只
H股指数	HSCE	—	全称为"恒生中国企业指数"，是以在内地注册、香港上市的40家中国企业的股票为样本股	—	截至2018年8月末，跟踪H股指数的基金产品有12只

名称	代码	基点	详细情况	特征	跟踪情况
上证50AH优选指数	000170	—	以27只纯A股指数和23只同时具备A股、H股的公司为样本股	50AH优选股指数在每月第二个星期五会进行一次轮动。如果A股价格/H股价格>1.05，说明A股贵，可以将持有的A股换成H股；如果A股价格/H股价格<1，说明A股便宜，可将H股换成A股；如果A股价格/H股价格介于1~1.05，则不轮动	截至2018年8月末，跟踪上证50AH优选指数的基金产品有1只
上证红利指数	000015	—	以上交所过去两年中平均现金股息率最高的50只股票为样本股	最老牌、最出名的红利指数。以大盘股为主	截至2018年8月末，跟踪上证红利指数的基金产品有1只
中证红利指数	000922（上交所）399922（深交所）	1000	同时从上交所和深交所挑选过去两年平均现金股息率最高的100只股票作为样本	同时覆盖两个股票交易所的公司，高分红股票选择更多	截至2018年8月末，跟踪中证红利指数的基金产品有3只

续表

名称	代码	基点	详细情况	特征	跟踪情况
深圳红利指数	399324	1000	以深交所的40只高现金股息率的股票为样本股	—	截至2018年8月末，跟踪深圳红利指数的基金产品有2只
中证基本面50指数	000925（上交所）399925（深交所）	1000	从过去五年中选择四个基本面指标（营业收入、现金流、净资产、分红）排名前50的公司为样本股	—	截至2018年8月末，跟踪中证基本面50指数的基金产品有1只

2. 国内主要的行业指数

顾名思义，行业指数就是在挑选成分股时，会对行业进行限定。行业指数的投资对投资者的要求更高一些，因为投资行业指数时，不仅需要考虑投资的价值，还要考虑不同行业的特点、发展阶段，这对投资者来说更加复杂。所以指数基金投资者可以先从宽基指数的投资开始，慢慢转向行业指数。

根据摩根士丹利和标普在2000年推出的全球行业分类标准，可以将行业划分为10个一级行业，如图1-5所示。

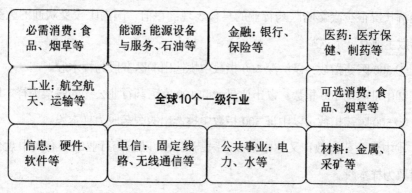

图1-5 全球10个一级行业

在这些行业中，值得投资的行业只有那些更容易赚钱的行业和具有明显周期性的行业。

容易赚钱的行业：必需消费和医药行业。消费和医药行业是更容易赚钱的行业。此外，一些主题行业也是如此，例如养老行业。

盈利周期性变化明显的行业：强周期行业。这种行业的盈利会呈现周期性变化的规律。在行业景气时卖出，在行业低迷时买入，就可以获得可观的投资收益。

（1）必需消费行业指数。必需消费行业也被称为日常消费行业、主要消费行业。必需消费行业是需求最稳定的行业，不会受经济状况的过多影响。正是基于这种稳定，投资大师巴菲特特别关注必需消费行业。目前，国内必需消费行业的指数主要有以下四只。

①上证消费指数：以上交所挑选出的必需消费行业公司股票为样本股。

②上证消费80指数：以上交所挑选出的80家规模最大的必需消费行业公司股票为样本股。

③中证消费指数：以沪深300指数和中证500指数中的必需消费行业公司股票为样本股。

④全指消费指数：以从所有公司中挑选出的必需消费行业公司股票为样本股。

（2）医药行业指数。医药指数是经济危机中非常具有避险价值的板块，宏观经济状况很少会影响医药行业的具体表现。目前，国内比较受欢迎的医药行业指数主要有以下这些。

①300医药指数：以沪深300指数中挑选出的医药股为样本股。

②中证医药100指数：以市值最大的100家医药行业公司的股票为样本股。

③500医药指数：以中证500指数中挑选出的医药股为样本股。

④中证医药指数：又称中证800医药指数，以医药行业的所有大中盘公司的股票为样本股。

⑤全指医药指数：以A股中的所有医药行业公司的股票为样本股。

（3）可选消费行业指数。可选消费指大众根据自己的经济实力有选择性地消费，比如高档金银首饰、高档汽车等。可选消费有以下特点。

①需求比必需消费弱，有一定的周期性。

②受益于人口红利，特别是人均消费金额的提升。

③具有升级换代特性。

目前来看，可选消费指数基金主要有四只：广发中证全指可选消费 ETF 连接 A、广发中证全指可选消费 ETF 连接 C、广发中证全指可选消费 ETF、可选消费。

（4）养老产业指数。养老产业作为一个概念性的产业，实际上是一个多行业混合的产业，包括医疗保健、信息技术、日常消费、可选消费及保险公司等。目前，国内最有影响力的养老产业指数是中证养老产业指数，由 80 只成分股构成，覆盖的行业面较广，成分股的权重也比较接近。

（5）银行业指数。银行业属于周期性行业，它会因为宏观经济的变化而出现周期性的盈利。当经济处于不景气的状态时，银行客户还款的质量会下降，风险准备金也会随之增加，国家会通过降低利率来刺激经济复苏，银行的收益会减少。

投资银行业指数有两种选择。一种是上证 50 指数、基本面 50 指数等指数基金产品，这是因为银行股规模都比较大，以大盘股指数为主。例如，在上证 50 指数成分股中，金融类占了近 60%。另一种是投资银行业的指数基金或主题基金。目前，国内的银行业指数基金基本上都是在跟踪中证银行指数。

我国基金投资环境状况

我国证券市场起步较晚，在中国证券市场刚刚起步之时，武汉证券投资基金、南山证券投资基金成为我国第一批投资基金。之后，随着证券市场的逐步发展，我国证券投资基金的种类开始日益丰富。而随着《证券投资基金管理暂行办法》（1997年10月）的颁布，我国证券投资基金市场开始进入发展阶段。

我国基金投资的特点

随着基金投资的发展和在投资大众中的普及，我国基金投资表现出以下这些特点。

（1）法律法规不断完善，监管力量加强，为基金投资的运作创造了良好的外部环境，推动了基金投资的发展。

（2）基金规模日益增大，对金融投资市场的影响也越来越大，成为证券市场中的重要机构投资者。

（3）基金品种日益多样化，投资风险逐渐凸显，同时也为投资者提供了多方位的投资选择。

我国的智能投顾概况

投顾，就是"投资顾问"的简称。投顾专门为投资者免费提供各种投资建议，目的是让投资者购买各种理财产品，而不是投资股票。投顾分为买方投顾和卖方投顾，如图1-6所示。

买方投顾模式
·客户支付投顾费用，投顾提供财富管理服务

卖方投顾模式
·客户不需要支付投顾费用，投顾从产品供应商获取返现

图1-6 买方投顾和卖方投顾

目前，国内有很多的投顾，但大部分都是卖方投顾。

随着投顾的不断发展，智能投顾开始兴起。智能投顾是基于马科维茨资产配置模型而运行的投资组合。其计算公式如下：

$$r_p = \sum w_i r_i$$

其中，r_p 是投资组合的预期收益，w_i 是资产 i 的权重，r_i 是资产 i 的预期收益。

可以看出，投资组合收益是各类资产收益按比例分配权重后的组合结果，与各项资产预期的收益及其权重相关。

而目前出现的一些智能投顾，只是会依据马科维茨资产配置模型对各种资产进行组合，其智能只表现在根据不同的风险偏好及投资期限，为投资者推荐不同的投资组合，却并不能为投资者创造超额收益。也就是说，所有投资者都采用相同的技术、相同的引擎、相同的物料，纵观行业，所有机构都给出了一样的数字化财富管理方案。所以说，国内的智能投顾几乎是千篇一律的。

国内基金市场投资收益

在众多理财工具中，基金算得上是表现较优异的理财工具。例如，2007年到2016年的十年间，中证股票基金指数的年化收益率为10.3%（考虑不同的样本、加权算法和计算周期，股票基金的年化收益率在10%～17%）。虽然10%的年化收益率特别诱人，但是这些收益最终进入投资者腰包的并不是很多，据统计，从2001

年到 2016 年，这 15 年的基金投资者在基金上总的回报为 –2700 万元，所以说，投资回报一直是困扰投资者的一个大问题。这也就是所谓的"投资者回报悖论"——在基金行业总体收益率较高的情况下，投资者并没有获得可观的投资回报。

投资市场的高风险是"投资者回报悖论"产生的关键，再加上基金产品本身种类有限，收益特性不明显，普通投资者对风险的认知又存在一定的局限，而且也不能参与到风险的管控当中，自然而然地收益会受到影响，使得"投资者收益悖论"的情况更加明显。

从以往的基金投资情况来看，基金投资者的行为整体上表现出强烈的顺周期特征。基民整体表现为"追涨不杀跌"，也就是在市场出现显著盈利效应后，大量散户资金涌入；在市场出现亏损状态后，大多数投资者选择被动持有亏损，一直到回本或出现新一轮的高涨。这样，在基金市场周期中，投资者的平均投资成本远高于市场的平均成本，因而平均回报的获取就变得更加困难。

指数基金在国内的发展现状

（1）规模达 6821 亿元，市场占比 14.3%。截至 2018 年底，国内共有 567 只指数基金，资产规模达 6821 亿元（ETF 联接基金、ETF 货币基金除外），指数基金净值占基金市场净值的 14.3%。虽然市场占比较低，但这也意味着其将来的市场空间足够大。

（2）普通指数基金、ETF 和分级基金占市场主流。截至 2018 年底，ETF 基金、普通指数基金、指数分级基金分别占指数基金市场资产净值的 55.81%、28.27%、12.59%，共计占到了基金市场资产净值的 96.67%。

（3）宽基指数占主流，细分行业锦上添花。截至 2018 年底，567 只指数基金中，跟踪宽基指数、行业指数规模占比分别是 51.50% 和 14.98%。这与世界上的其他市场风格类似。宽基指数基金为主导，其他指数基金蜂拥而上。

（4）基金公司形成差异化竞争。基金公司作为指数基金的管理人，也在寻找差异化竞争。不管是在基金的品种上，还是在基金的数量上，这些基金公司都在形成自己的特色，努力让差异化更明显，这样才能显示出自身的优势。

指数基金的运作者——公司与机构

指数基金是一种以拟合目标指数、跟踪目标指数变化为原则，实现与市场同步成长的基金品种。在指数基金的投资中，采取拟合目标指数收益率的策略，分散投资目标指数的成分股，力求股票组合的收益能够与该目标指数所代表的资本市场平均收益率相拟合。

指数基金的运作原理

指数投资似乎比较简单，而且还吸引了大量投资者，但事实上，指数基金投资背后有着非常丰富的理论基础知识。

（1）有效市场假说理论——市场是有效率的，市场不可战胜。市场中的信息都能在第一时间被市场充分、有效地传递和消化，股票当前的价格已经包含了所有信息。故长期来看，投资个股是不能获得指数收益的。

（2）马科维茨投资组合理论——任何一只股票都有两种风险：一种是系统性风险，比如经济危机、战争、自然灾害等会对所有股票产生影响；一种是非系统性风险，比如经营不当、经济纠纷、诉讼等会给公司个体带来重大损失。

（3）资本市场效率理论——资本市场对金融资源的优化配置能力。金融市场充满着不信任，股民会对上市公司不信任，基民会对基金公司不信任，因为投资者不知道这些人会把自己的资金用到什么地方。但指数基金不一样，它是完全复制指数，基本是满仓操作，能有效降低管理人的操纵风险。

（4）行为金融理论——心理因素始终会影响到投资决策。指数化投资属于被动化的投资，复制市场表现，在一定程度上避免了择股的心理波动，也避免了主观因素对投资收益的拖累。

指数基金的主要运作机构

1. 基金管理公司

这里的基金管理公司指证券投资基金的管理人。基金管理公司指依据有关法律法规设立的对基金的募集、基金份额的申购与赎回、基金资产的投资、基金收益的分派等基金运作活动进行管理的公司。我国基金法律法规明确规定证券投资基金的募集由基金管理人承担，而基金管理人由依法设立的基金管理公司担任。担任基金管理人应当经过国务院证券监督管理机构核准。基金管理人的主要职责见表1-6。

表1-6　基金管理人的主要职责

基金管理人的主要职责	依法募集基金，办理基金份额的发售、申购、赎回和登记事项
	办理基金备案手续；对不同基金资产分别管理、分别记账，并进行投资
	按基金合同的约定确定基金收益分派方案，及时向基金份额持有人分派收益
	进行基金会计核算，编制会计报告以及基金季度、半年度、年度报告
	计算并公告基金资产净值，确定基金份额申购、赎回价格；办理基金财产管理业务有关的信息披露
	召集基金持有人大会，保存基金管理活动相关的资料
	以基金管理人的名义，代表基金份额持有人利益行使诉讼权利，或实施其他法律行为；其他规定职责

2. 基金托管人

基金托管人是投资人权益的代表，是基金资产的名义持有人或管理机构。为了保证基金资产的安全，按照资产管理和资产分开的原则运作基金，因此基金设有专门的基金托管人保管基金资产。

基金托管人需要为基金开设专门的基金资产账户，负责基金款项的收付、资金划拨、证券清算、分红配息等，基金托管人都是按照基金管理人的指令来完成这些事项的。

基金托管人一般是完全独立于基金管理机构，具有一定经济实力、实收资本达到相当规模、具有行业信誉的金融机构。根据法律规定，我国基金托管人的身份由商业银行担任，其应具备的条件是：设有专门的基金托管部，实收资本不少于80亿元人民币，有足够熟悉托管业务的专职人员，具备安全和高效的清算、交割能力。基金托管人的主要职责见表1-7。

表1-7　基金托管人的主要职责

基金托管人的主要职责	安全保管基金的全部资产
	执行基金管理人的投资指令并负责办理名下的资金往来
	监督基金管理人的投资运作，发现基金管理人的指令违法违规的，不予执行，并向证监会报告
	复核、审查基金管理人计算的基金资产净值及基金价格
	保存基金的会计账册、记录15年以上
	出具基金业绩报告，提供基金托管情况，并向证监会和中国人民银行报告
	基金章程或基金契约、托管协议规定的其他职责

3. 基金销售机构

基金销售机构指基金的销售渠道。基金销售渠道一般分为四类，如图1-7所示。

基金公司直销渠道	银行代销渠道
直接从基金公司购买该公司的基金，可享受费率优惠，但只能购买开户基金公司的基金	登录网银就可以申购、赎回基金，但没有费率优惠

场内交易渠道	第三方平台销售渠道
开立股票账户，通过证券公司的营业部或各种交易软件买卖	通过天天基金、好买基金、蚂蚁财富等第三方基金销售平台购买

图 1-7　基金销售渠道的分类

4. 基金评级机构

基金评级机构是向投资者以及社会公众提供基金相关资料与数据的服务机构。例如，我国的银河证券基金中心，国外的晨星基金评级、理柏基金中心、惠誉基金评级等。要成为一所基金评级机构，一般要具备五个条件，如图 1-8 所示。

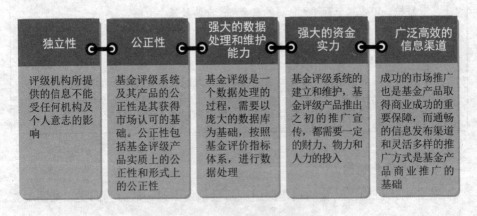

图 1-8　基金评级机构要具备的条件

认识风险参数，谨防指数基金风险

对于投资者来说，风险就是未来收益的不确定性，也就是随时发生损失的可能性。风险无处不在，在任何产品的投资过程中，风险都是不可避免的。当然，指数基金投资也是在风险的摇摆中探寻着利益。

风险的存在，会让未来预期收益发生极大的不稳定性。为了抓住风险的变化，衡量其大小，以及采取措施避免其对投资造成更大的损失，人们开始利用各种指标参数对风险进行衡量。对风险大小的衡量，可以让投资者选择风险更小的产品进行投资，这样既可以规避风险，又可以获得可观的投资收益。

风险衡量中的两个重要参数

为了衡量风险及未来收益的大小，在风险体系中诞生了两个重要的参数——贝塔系数（β）和阿尔法系数（α）。

1. 衡量系统风险的β

在风险的测算过程中，首先是马科维茨，他将风险研究由定性研究转变为定量研究，在风险与数据之间架起了桥梁。这种研究让金融投资者变得豁然开朗。之后，马科维茨的学生威廉·夏普进行了更进一步的研究，推导出风险与收益之间的关系：

$$投资收益 = 阿尔法收益 + 市场平均收益 \times 贝塔系数$$

这个公式将风险的大小赋予了 β，并且以市场整体性波动为基础，对包括基金在内的证券投资组合收益所承担的风险大小进行衡量。也就是说，β 衡量的是系统风险，这是市场中固有的风险，且 β 的值越大，系统所面临的风险也就越大。

2. 代表超额收益的 α

在风险收益关系中，β 与市场平均收益的乘积就是 α，这样，最终的实际收益与贝塔收益的差额就是阿尔法收益。阿尔法收益也被称为超额收益，这个收益是不受市场影响的。α 大于 0，说明某只基金有望获得超额收益；α 小于 0，则无法获得超额收益。

利用超额收益可以规避市场中的系统性风险，这样的避险方式对基金管理人的要求非常高，其必须要有应对风险的卓越能力，即拥有出众的选股能力、建仓时机的判断能力，以及量化选股、量化买卖能力等。

此外，在风险收益模型的衍生模型中，还存在一个重要的参数——R^2。R^2 越大，则 β 与 α 的准确性就越高。每一只投资基金同样都具有这样一些参数，投资者可以利用晨星网进行查询。

例如，我们以招商中证白酒指数分级基金为例，在晨星网上找到该基金，进入该基金的主页，就可以看到与该基金有关的信息，如图 1-9 所示。

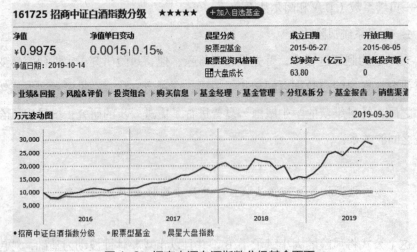

图 1-9　招商中证白酒指数分级基金页面

在该页面上还可以看到这只基金的历史业绩、季度回报、历史回报、历史最差回报、晨星评级、风险评估、风险统计、风险评价、行业分布、债券品种、持仓分析、分红拆分这些项目。在这些项目中，我们可以关注与风险有关的风险统计与风险评价栏目。

在风险统计栏目，就有该只基金对应的 α 、 β 和 R^2 参数，如图 1-10 所示。

➕ 风险统计 ❗		2019-09-30
	+/-基准指数	+/-同类平均
阿尔法系数（%）	28.78	32.06
贝塔系数	1.41	1.60
R平方	39.90	55.50

图 1-10　招商中证白酒指数分级基金风险统计页面

在风险评价栏目，应重点关注投资风格箱，投资风格箱会展示这只基金的投资风格，这也是投资者挑选基金的重要参考。图 1-11 为招商中证白酒指数分级基金风险评价页面。

➕ 风险评价 ❗				2019-09-30
二年	三年	五年	十年	
☆☆☆☆☆	☆☆☆☆☆	☆☆☆☆☆	☆☆☆☆☆	

晨星股票投资风格箱　　　　　　　　　　　　　　　　2019-06-30

		大盘	风格：成长型		0.00	0.00	85.0	大盘	● >50%
		中盘	规模：大盘		0.80	3.64	5.23	中盘	● 25-50%
		小盘			0.00	0.00	0.00	小盘	● 10-25%

价值型　平衡型　成长型　　　　　　　　　　　价值　平衡　成长　　○ 0-10%

资产分布　　　　　　　　　　　　　　　　　　　　　2019-06-30

	占净资产(%)	+/-同类平均
● 现金	8.73	0.29
● 股票	94.69	13.80
● 债券	0.00	-0.84
● 其他	-3.42	-13.25

-50　　　0　　　50　　　100

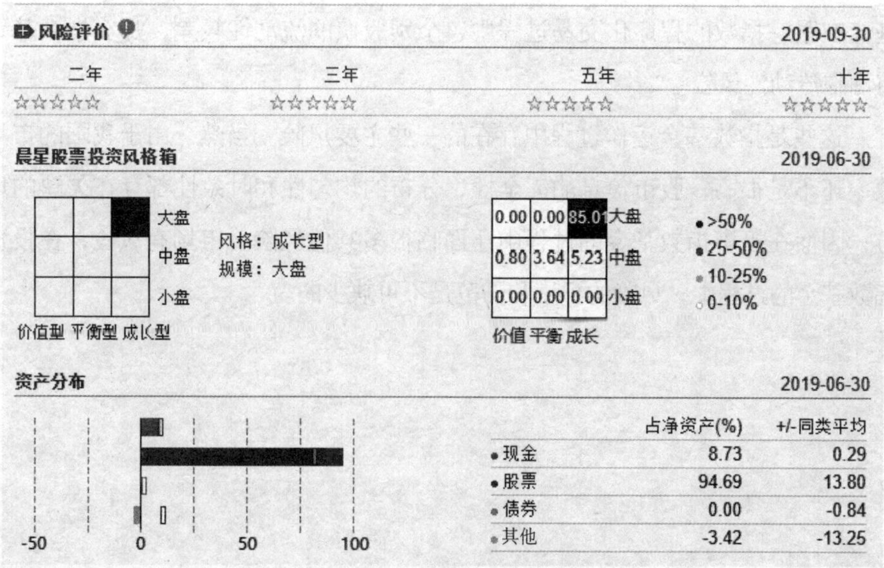

图 1-11　招商中证白酒指数分级基金风险评价页面

系统风险与非系统风险

在证券市场中存在两种风险，我们将其称为系统风险和非系统风险，系统风险在 β 系数里已有所体现。

（1）系统风险：不依赖特定投资对象的风险，作用于这个市场，是某一投资领域内所有投资者都要面临的风险，无法通过投资分散消减。它来自宏观因素的不确定性。

（2）非系统风险：只对特定投资对象有作用的风险，这种风险还可以通过投资组合进行分散和化解，它来源于投资组合中特殊因素的不确定性。

在任何投资组合中，系统风险和非系统风险都是共存的，二者构成了投资的总风险。

此外，指数基金还会面临一些流动性风险。也就是指数基金管理人在面对赎回压力时，将其所有资产（投资组合）变现的过程中，要面临的价格不确定性和可能遭受的损失。由于开放式基金具有较大的弹性和流动性，基金管理人在投资管理的过程中就需要对流动性风险进行全面考虑。而指数基金作为开放式基金的一种，其流动性风险管理对基金管理人的要求会更加严格。如果指数基金在跟踪指数的程序化交易过程中，个别股票的流动性较差，那么指数基金将面临流动性风险。

这些是指数基金运作过程中存在的一些主要风险。当然，由于我国的市场效率还不是很高，股市信息的完全性、分布的均匀性和时效性都存在欠缺的地方，因而在投资指数基金的过程中还面临很多其他风险。市场有风险，在投资指数基金的过程中，风险的识别和防范是不可缺少的。

💰 **投资短报**

投资的最大敌人——通货膨胀

在投资过程中存在这样一个隐形的敌人，你根本看不到它在哪里，但是它确实是存在的。敌人的存在，势必会对我们的投资造成威胁，而我们投资过程中的隐形敌人，就是通货膨胀。

"知己知彼，百战不殆。"但是对于通货膨胀这个敌人，我们就算是知彼了，可能还是无法对其进行防范。虽然在这里了解敌人对于防范敌人用处不大，但是知彼足以提醒我们，让我们带着戒备心来走投资这条路。

那么，通货膨胀是什么？

一般来讲，通货膨胀就是在信用货币制度下，流通中的货币数量超过经济实际需要而引起的货币贬值和物价水平全面而持续地上涨。

巴菲特说过，通货膨胀是一种比我们的立法者所制定的任何税种都更具毁灭性的税收。下面，我们来看一个例子。

有位老人将44年前存的1200元连本带息取出，银行的相关负责人介绍说，这笔存单的利息计算要涉及1972年、1980年、1993年等多次储蓄制度变革，至少16次的利率调整，还要考虑利息个人所得税的多次变化。经过多方的最终确认，这位老人的这笔存款最终获得的本息和是2684.04元。

当时的1200元，历经44年，最终本息和仅为2684.04元，其购买力大大缩水，这就是通货膨胀。通货膨胀让货币的价值大大贬低，当时的1200元可以换取的物品，现在的多少个1200元，才抵得上？

除了我国的通货膨胀让货币变得不值钱之外，世界上的其他国家也遭受着这样的困扰。通货膨胀是全球经济繁荣与进步背后的隐患。

通货膨胀这个敌人的出现，让投资的实际回报也降低了。因为每一位投资者最终获得的收益，都要受通货膨胀的侵蚀，通货膨胀是不能够算在实际收益里面的，只有扣除通货膨胀，才是最终的实际收益。假如投资者的投资回报率是 10%，而当时的通货膨胀率是 2%，那么投资者实际的收益率就是 8%。

我们知道，投资是有期限的，在或长或短的投资期限中，通货膨胀始终挥之不去，所以，即使此刻投资者有一个高额的回报率，但是若同时存在一个较大的通货膨胀率，那么投资者还是没有获得可观的利益。这就是为什么我们称通货膨胀是投资者最大的敌人。对于通货膨胀，任何投资者都是避免不了的，要投资，就得忍受各种风险，尤其是通货膨胀风险。

当然，通货膨胀也使得货币的购买力下降，投资者的投资成本也相应增加。所以投资者的投资到底是不是真正赚到了钱，还需要依据通货膨胀进行判断。

通货膨胀的存在让我们对投资似乎失去了信心，但是没有关系，通货膨胀出现在整个市场中，它是全局性的货币贬值，是所有投资者和大众都要面临的风险，任何投资者都需要去面对。我们不能因此而失去投资的信心。面对投资，不可因为风险的存在而过分悲伤，乐观是投资者需要保持的心态。在《乐观主义者的胜利：101 年全球投资回报》中，讲述了在 20 世纪，许多全球大类资产都为购买并长期持有的投资者带来了非常可观的回报。所以只要选对了投资方式，投资中的通货膨胀并不可怕。

通货膨胀是财富最大的敌人，投资者在与这个敌人斗智斗勇的过程中，也会慢慢琢磨出一些应对方法，比如说非常普遍的组合投资，组合让投资产品本身的风险尽可能地缩小，然后面对通货膨胀风险时，投资者也会变得更加从容。

风险与收益并存，这是投资者改变不了的事实，要想有收益，就必须承受风险。通货膨胀这个风险，投资者要在不断的投资中慢慢接受，并不被其影响。

第二章

了解各类指数基金产品，为投资做好准备

投资是一项理性的工作，如果你不能理解这一点，最好别掺和。

——巴菲特

指数基金的投资对象归根结底还是基金，但是不同的基金却有着不同的特性，它们的获利能力、风险高低、收益多少等都有差距。投资者在进行指数基金投资时，要充分了解各种类型的指数基金，以便选择自己更满意的投资对象。

本章着眼于指数基金的种类，对ETF基金、LOF基金、分级基金、增强型基金以及不同收费方式的基金进行介绍，来帮助投资者更加清晰地认识这些指数基金投资产品，为将来的指数基金投资做好充分的准备。

ETF 基金，跨市场套利的理想投资对象

ETF 基金，是交易型开放式指数基金的简称。"交易型"表示这款基金可以在证券市场上像股票一样进行买卖；"开放式"指投资者可以向基金管理公司申购或者赎回基金份额。

ETF 基金作为开放式基金的一种特殊类型，投资者既可以用一篮子股票向基金管理公司申购或者赎回，又可以在二级市场上按市价进行 ETF 份额的买卖。

ETF 基金的优点

ETF 基金是一种资产配置非常高效的基金，这使得其自身有很多独特的优点，正因为如此，投资者可以利用 ETF 基金把握市场机遇，规避风险。

（1）能有效跟踪指数，透明度高。与普通的指数基金相比，ETF 基金对指数的跟踪效果更好，几乎能够与指数的走势达到一致。ETF 基金的运行机制也决定了其具有很高的透明度。

（2）ETF 基金可以说是非常公平的理财产品，利用股票实物进行申购与赎回，就不会因为大额或巨额申赎让原持有人的利益遭受损失。

（3）费率低廉，交易便捷。ETF 基金在交易所的交易佣金比例都是万分之几，而且还免征印花税，买卖 ETF 基金所承担的成本比买卖股票还低；ETF 基金管理费率和托管费率都在较低水平，不会给投资者带来过多的交易成本；ETF 基金的交易还相当便捷，只要投资者开通股票账户或基金账户，就可以在二级市场上像买卖股票一样进行 ETF 基金的买卖。

（4）仓位很高。ETF 基金可以达到 100% 的仓位，资金利用效率也可以达到 100%。

（5）流动性好。ETF基金每15秒就刷新一次报价，可以像股票一样快速交易，而普通的开放式基金每天只公布一次净值。

（6）选择判断更简单。大多数ETF基金都有其对应的行业，而判断行业要比判断一家企业更容易，所以ETF指数基金的选择更加简单，依靠行业发展，就可以选择心满意足的基金。

（7）综合管理更高效。ETF基金涉猎广泛，能让投资者覆盖各种大中小盘进行投资，还可以让投资者将投资伸展到国内外市场。

ETF基金的交易机制

ETF基金是高效的指数化投资工具。指数基金的申购与赎回机制比较特殊，投资者只能用于指数对应的一篮子股票的申购和赎回。

1. ETF基金的认购

在ETF基金的募集期内，投资者可以通过证券公司营业柜台、电话委托、网上交易系统以现金方式购买ETF基金份额，当然还可以进行网下现金认购和实物认购。

2. ETF基金的申购与赎回

ETF基金的申购是用一篮子股票换取ETF份额的交易，换取的ETF份额可以在市场上进行交易。ETF基金的赎回是在二级市场上买入基金份额来获得一篮子股票。一篮子是ETF最小的赎回单位，投资者在赎回一篮子股票时，还要多准备一些资金，来弥补"现金差额"。

ETF基金在二级市场的申购流程，如图2-1所示。

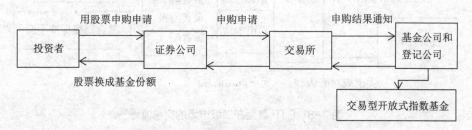

图2-1　ETF基金在二级市场的申购流程

ETF 基金在二级市场的赎回流程，如图 2-2 所示。

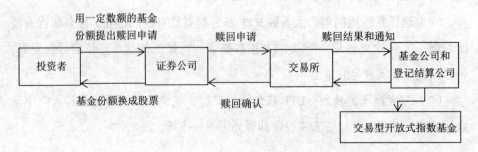

图 2-2　ETF 基金在二级市场的赎回流程

3. ETF基金在二级市场的交易

证券市场的开市时间为周一至周五的早上 9 点 30 分～ 11 点 30 分和下午的 13 点～ 15 点（法定节假日闭市）。在这段时间内，ETF 基金投资者就可以进行 ETF 基金在交易市场的买卖活动。ETF 基金买入的最小单位是 1 手（1 手为 100 份）。ETF 基金每日的涨跌也是按照10%进行限制，其报价的最小单位是 0.001 元。

ETF 基金在二级市场的交易流程，如图 2-3 所示。

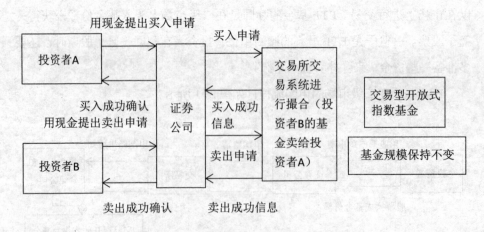

图 2-3　ETF 基金在二级市场的交易流程

沪深交易所 ETF 基金交易模式

1. 单市场ETF基金的概念及申购、赎回机制

当 ETF 基金跟踪指数的成分股都是上交所上市的股票，即股票代码为"60****"，这就是上交所的单市场 ETF 基金。同理，如果成分股代码都是"000***"（深市主板）、"002**"（深市中小板）和"300***"（深市创业板），则其指数成分股来自深交所。

对于单市场的 ETF 基金，申购、赎回、买卖遵循的是 T+0 制度，即按以下规则进行申购、赎回、买卖。

（1）当日申购的基金份额，同时可以卖出，但不得赎回。

（2）当日买入的基金份额，同时可以赎回，但不得卖出。

（3）当日赎回的证券，同时可以卖出，但不得用于基金份额申购。

（4）当日买入的证券，同时可以用于基金份额申购，但不得卖出。

2. 跨市场ETF的概念及申购赎回机制

跨市场 ETF 基金跟踪指数的成分涵盖了上交所和深交所的上市股票。基金管理人可以选择上交所或深交所进行基金的上市交易。

对于跨市场的 ETF 基金，投资者面临的最大难点是用股票组合申购时，此交易所如何判断另外一个交易所的股票是否真实存在，因此会使得两个交易所对跨市场 ETF 基金采取不同的交收模式。

（1）上交所跨市场 ETF 基金模式。强调效率和 T+0，资金利用效率高，但投资成本不确定，ETF 跟踪误差容易更大。

（2）深交所跨市场 ETF 基金模式。强调实物申赎，运作透明、投资成本确定、申赎过程风险可控，但资金的运用效率较低，不能做到 T+0，一般是 T+2。

认识 LOF 基金，熟悉套利交易机制可获利

LOF 基金是上市型开放式基金的简称，与传统的场外开放式指数基金相比，LOF 基金除了能够申购和赎回之外，还可以买入或者卖出，即 LOF 基金可以同时拥有一级市场交易价格和二级市场交易价格。这对投资者来说，交易会变得更加便利，而且交易费用也低廉。

LOF 基金在二级市场的交易价格是投资者之间相互买卖竞争产生的价格，由于"买"和"卖"的随机性，价格就会处于波动状态。

LOF 基金在一级市场的基金净值是基金管理公司利用募集资金购买股票、债券和其他金融工具后所形成的实际价值。交易用"申购"和"赎回"来完成，所以一天之中会有一个净值。

在深交所和上交所，LOF 基金的申赎不是完全一致的，见表 2-1。

表 2-1 LOF 基金在深交所与上交所的申赎

项目	深交所	上交所
当日申购的基金份额	T+2 日可以场内卖出	T+2 日可以场内卖出
当日买入的基金份额	T+1 日可以赎回	T+0 日可以赎回

产品转型或新品上市，抓住套利机会

在基金市场，基金产品进行转型升级或基金产品新上市时，由于很多投资

者对规则还不是很了解，所以这个时候市场中套利者较少，因而对一些投资者来说是一个套利机会。这里我们通过一个实例来了解一下这种情况。

国投瑞银瑞金瑞福分级基金上市满三年时，持有瑞福进取基金的投资者自动转换成深证100LOF指数基金，此基金希望通过转型实现升级，这时候在场内卖掉的客户较多，而且关注此基金套利的客户也不够多，因此，在2015年9月2日，出现了场内买入价格比净值折价①4.03%的情况，当日成交额达到2.34亿元。由于在深交所LOF基金当天买入第二天才能够赎回，因此，假定9月2日按照场内收盘价0.715买入瑞福深证100LOF基金，9月3日以0.737的净值赎回，扣除0.5%的费率，最终的套利收益就是2.56%。

该套利模式出现在一天的指数基金净值波动中，所以在套利时要考虑好套利空间能否覆盖第二天净值波动的风险。此外，这里的当天基金净值计算方法是：

当天的基金净值 = 上一日基金的净值 ×（1+ 实际赎回基金占比 × 指数涨跌幅）

在产品转型或新品上市这种情况下的基金交易更看重的是投资的灵活性，也就是在大家对规则还不够清楚的情况下，就主动抓住机会来实现套利收益。

疯狂时期的场内折溢价带来套利机会

这里需要先对折价套利和溢价套利进行明确。所谓折价套利，就是当LOF基金市价小于基金份额实际净值时，在场内买入LOF，赎回LOF基金；溢价套利是，当LOF市价大于基金份额净值时，申购LOF基金，然后在场内卖出LOF。当然，这种套利也存在一天净值变化的风险。

1. LOF基金的溢价套利机会

我们通过举例来说明这种套利机会。假如一只指数基金在T日处于市场的

----

① 折价：二级市场交易价格小于一级市场基金净值。此外，还有溢价，即二级市场交易价格大于一级市场净值。

牛市阶段，二级市场的价格远远高于 T 日基金净值，在这天，通过场内市场按基金净值 1.096 元进行申购，T+2 日可以通过二级市场按市价 1.417 元卖出，这样在不考虑赎回费率的情况下，两天的套利收益率会达到 29.28%。

LOF 基金的溢价套利收益率计算公式为：

$$套利收益率 = [\, 卖出市价_{T+2日} \times （1- 赎回费率）\div 申购价 -1] \times 100\%$$

2. LOF基金的折价套利机会

这里我们以广发小基金在 2015 年发生的实例对这种套利机会进行理解。2015 年 7 月 8 日，广发小盘在市场恐慌情绪下下跌 9.98%，当天中小盘指数仅下跌 1.38%，这对于投资者来说是一个非常不错的赚钱机会，在 7 月 8 日这天按 2.245 的价格买入 LOF，在 7 月 9 日按 2.4076 的基金净值赎回，扣除 0.5% 的赎回费率，则收益率达到 6.71%。

LOF 基金的折价套利收益率计算公式为：

$$套利收益率 = [\, 赎回净值 \times （1- 赎回费率）\div 买入价格_{T+1日} -1] \times 100\%$$

就 LOF 基金来说，其套利机会还是非常多的，特别要关注一些基金的转型日、上市首日、基金重要公告日创造的套利机会。当然，在这个过程中还需要考虑基金的流动性、申购赎回成本等。

玩转分级基金，理解低风险折算机制

由于不同投资者的风险偏好不同，所以就有了分级基金。所谓分级基金，就是通过事先约定的基金风险收益分配，将母基金份额划分为预期收益不同的子份额，并可将其中部分或全部类别份额上市交易的结构化证券投资基金。这里，分级基金的基础份额就是母基金份额；预期风险、收益较低的子份额被称为 A 类份额；预期风险、收益较高的子份额被称为 B 类份额。

在分级基金中，B 类份额一般会利用 A 类份额的资金来放大收益，具有一定的杠杆特性，同时 B 类份额又会支付一定的利息给 A 类份额。

分级基金基础要点

1. 分级基金净值的计算

在分级基金中，存在这样的净值关系：

$$母基金净值 = A 类份额净值 \times A 类份额占比 + B 类份额净值 \times B 类份额占比$$

$$A 类份额净值 = 1 + 约定收益率（t/N）$$

$$B 类份额净值 = 2 \times 母基金净值 - A 类份额净值$$

2. 分级基金整体折溢价

分级基金的母基金一般不会在二级市场交易，在二级市场上进行交易的是其两类子份额。将子份额价格及其占比进行加权组合，就会得到一个母基金虚拟价格。

$$母基金虚拟价格 = A类份额价格 \times A类份额占比 + B类份额价格 \times B类份额占比$$

则：

$$整体折溢价 = 母基金虚拟价格 - 母基金净值$$

3. A份额与B份额的折溢价

基金在市场上的交易价格由市场供求关系决定，而且基金交易价格与基金净值间的价差，形成了基金折溢价，进而有了折溢价率。

$$折溢价率 = \left(\frac{交易价格}{基金净值（或参考净值）} - 1 \right) \times 100\%$$

其中，负值为折价，正值为溢价。

4. 分级基金的杠杆

分级基金的杠杆大小是投资者比较关注的点。分级基金的不同杠杆的计算公式如下。

（1）初始杠杆是基金发行时的杠杆比例，其计算公式为：

$$初始杠杆 = \frac{A类份额份数 + B类份额份数}{B类份额份数}$$

（2）净值杠杆是分级基金研究中经常用到的指标，反映B类份额净值涨跌幅增长的倍数。其计算公式为：

$$净值杠杆 = \frac{母基金总净值}{B类份额总净值} = \frac{母基金份数 \times 母基金净值}{B类份额份数 \times B类份额净值}$$

$$= \frac{母基金净值}{B类份额净值} \times 初始杠杆$$

（3）价格杠杆是 B 类份额价格对于母基金净值表现的变化倍数，其计算公式为：

$$价格杠杆 = \frac{母基金总净值}{B\,类份额总市值} = \frac{母基金份数 \times 母基金净值}{B\,类份额份数 \times B\,类份额价格}$$

$$= \frac{母基金净值}{B\,类份额价格} \times 初始杠杆 = \frac{净杠杆}{1 + 溢价率}$$

5. 分级基金的配对转换机制

这是指将基础份额按约定比例拆分成两类份额，两类份额按照约定比例进行配对合并成场内基础份额。该机制的存在，可以让稳健的 A 类份额与积极的 B 类份额进行配对合并，进而实现套利。

二级市场折价时的操作流程如图 2-4 所示。

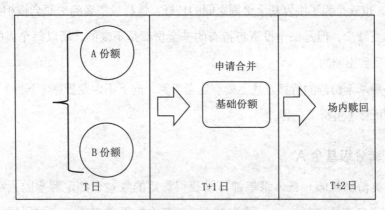

图 2-4　分级基金在二级市场折价时的操作流程

二级市场溢价时的操作流程如图 2-5 所示。

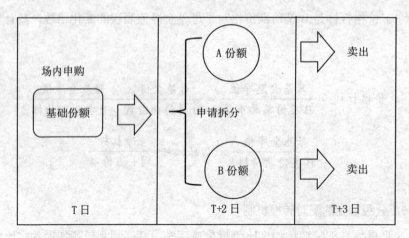

图 2-5　分级基金在二级市场溢价时的操作流程

分级基金的折算机制

基金公司会把基金按照一定的比例进行调整，目的是使基金净值等于或接近于 1，也就是为了恢复基金份额之间的杠杆，这样投资者的份额会按相应的比例增加或减少，但是每个投资者持有的基金份额是不变的，所以每个人的权益是不会受到影响的。

一般基金份额的折算方法主要有定期折算、向下不定期折算（下折）、向上不定期折算（上折）三种。

玩转分级基金 A

A 类份额风险较低，每年都可以获得约定的收益，约定利率的大小与定期存款利息率的高低有关。所以 A 类份额基金按照约定收益率的不同，可以分为不同的种类，最主流品种的约定收益率一般为一年期定期存款的利息率加 3%。

（1）分级基金 A 的收益来源。分级基金 A 的收益来源如图 2-6 所示。

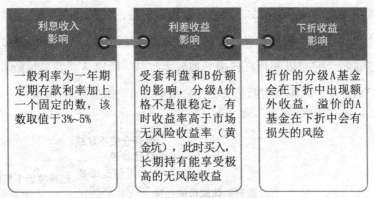

图 2-6　分级基金 A 的收益来源

（2）分级基金 A 的买入时机。分级基金 A 的买入时机可以参考三个方面来确定：①分级基金 A 的收益率高于 10 年期 AA 级债券利息时；②黄金坑出现时；③下折套利空间较大时。

（3）分级基金 A 的品种选择。分级基金 A 的挑选一般按以下四步来实现，如图 2-7 所示。

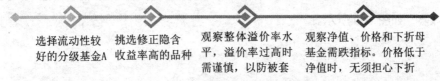

图 2-7　分级基金 A 的挑选流程

玩转分级基金 B

B 类份额被称为杠杆端或进取份额，具有杠杆性，风险较大。当市场处于多头，且投资者确定自己的基金处于多头时，是买入分级基金 B 的最好时机，也是其交易的核心时机。高风险性是分级基金 B 的主要特征，所以投资者尽量不要买入 B 份额，要是想买入，一定要非常慎重地处理这件事。分级基金 B 的投资策略有以下这些。

（1）处于熊市或震荡市，要远离分级基金 B。在熊市中，跌多涨少，盈利难度很大；在震荡市中，涨幅空间也不够大，波段操作容易被套。如果不得已要做时，要记住这两点：①切勿高仓位；②快进快出，严格止盈止损，切勿恋战。

（2）处于牛市，选择优良的分级基金 B。在牛市中，选择分级基金 B 是非常不错的选择，它可以利用杠杆很好地放大收益。所以这就要求投资者遵从以下五个方面选择一只既有价值又安全的分级基金 B，如图 2-8 所示。

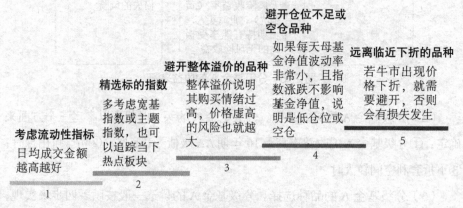

图 2-8　分级基金 B 的选择技巧

（3）分级基金 B 的风险应对策略。在投资分级基金 B 时，需要注意以下五个风险，如图 2-9 所示。

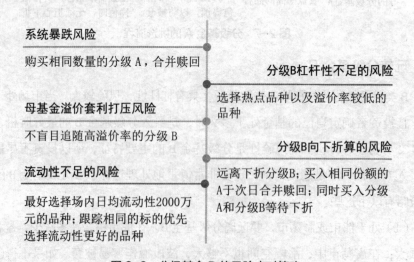

图 2-9　分级基金 B 的风险应对策略

指数增强型基金，收益更高

在投资者投资的众多指数基金当中，有一种基金的名字比较特殊，叫作指数增强型基金。之所以叫指数增强型基金，是因为它跟踪的指数仓位占 80% ~ 95%，剩下的部分仓位由基金经理通过主动选股来实现。这种基金经理主动选股的行为使得这种指数基金在跟踪仓位上多了一些主动性，因而便有了增强型基金。

一般情况下，指数增强型基金会有超额收益，而且在收益的来源与持续性方面都有研究的价值。

指数增强型基金的业绩概况

指数增强型基金的业绩如何？能给投资者怎样的收益率？这里，我们以2014 年 1 月到 2017 年 5 月沪深 300 指数增强型基金收益率与沪深 300 指数基金收益率的比较为例，见表 2-2。从表中可以发现，在这段时间内，沪深 300 指数增强型基金的累计超额收益率在 13.7% ~ 51.3%，而沪深 300 指数基金的收益率累计为 49.9%，增强型指数基金的收益率超过了普通基金的收益率。

表 2-2　沪深 300 指数增强型基金与沪深 300 指数基金的收益率比较

代码	名称	累计收益率（%）（2014.1—2017.5）	累计超额收益率（%）
000311.OF	景顺长城沪深 300	101.2	51.3
310318.OF	申万菱信沪深 300	95.8	45.9

续表

代码	名称	累计收益率（%）（2014.1—2017.5）	累计超额收益率（%）
050002.OF	博时裕富沪深300	90.9	41.0
163407.OF	兴全沪深300	89.7	39.7
100038.OF	富国沪深300	87.7	37.8
110030.OF	易方达沪深300量化	83.3	33.3
000312.OF	华安沪深300量化	63.6	13.7
000300.SH	沪深300指数	49.9	0.0

指数增强型基金的整体收益率一直处于一个高位，这说明指数增强型基金还是非常有投资优势的。当然，收益来源的可靠也是其收益一直位居高位的主要原因。指数增强型基金收益的来源如何判定，这是一个没有统一定论的话题，因为从微观视角来看，不同的指数增强型基金遇到的问题都是不一样的。这里，我们以上述申万菱信沪深300指数增强型基金为例进行简单的分析。

在2014年11~12月，申万菱信沪深300指数增强基金的收益率为正，而其他指数增强型基金的收益基本都是负数，通过对微观层面的观察，可以推测这是因为申万菱信超配证券、银行股票，而其他几个指数增强型基金低配证券、银行股票，却超配了沪深300中市值较低的股票，所以就有了收益率出现差异的现象。在该时期以前，市值较低的股票相对于高市值股票是更有超额收益的，但是随着股市的发展，低市值股票的市场效用开始减小，因而超配低市值股票实现超额收益的愿望落空。在很大程度上，就是因为这些原因的存在，才有了申万菱信的异军突起。

指数增强型基金的业绩持续能力

指数增强型基金的整体情况对投资者来说还是比较有可选优势的。投资者可以通过对历史数据的分析，发现指数增强型基金的一些获利机会。例如，投资者面对增强型基金时可以选择的策略有：择时——涨时做到高仓位，跌时做到低仓位；择股——超配一些强势股票，低配弱势股票。此外，投资者也可以根据自己的投资经验选择收益更有保证的指数增强型基金。

根据投资界对指数增强型基金的研究可以发现，近年来，指数增强型基金的业绩是比较乐观的，一直处于持续增强的状态。当然，这是一种宏观概况，是对整体趋势而言的，具体的时间点或具体的指数增强型基金业绩或许并没有达到一个可观的状态。在 90% 指数基金 +10% 主动基金的指数增强型基金中，增强的主力主要是基金管理者的择股能力，这是一种主动管理能力，其持续时间的长短也会对指数增强型基金产生重要影响。

指数增强型基金的操作重点是能够在成分股的基础上主动增强、量化增强跟踪标的，以实现更高的收益率。

指数增强的原理

指数增强的主要原理是指数复制，而指数复制又分为三种类型。

1. 完全复制法

该方法的目的是构建一个与标的指数相似度极高的投资组合，通过保持组合中每只复制股的占比与标的指数成分股占比完全一致来实现标的指数的复制。该方法比较适用于成分股数量少、流动性又较高的指数，尤其是对于大市值股票，例如道琼斯工业指数、上证 50 指数等，特别适合完全指数复制方法。

2. 优化复制法

该方法是一种完全数理化的组合构建方法，通过目标函数的最优化过程来寻找一个权重组合，使得投资组合与标的指数的历史收益偏离度保持最小，并假设该情景还能在未来延续。这种方法完全基于对历史数据的统计和挖掘；对模型中输入的数据较为敏感，不同计算期得到的权重差异较大；计算结果一般很难用合理的经济意义进行解释。

3. 抽样复制法

该方法首先会基于一定的原则抽取少数具有代表性的样本券，然后通过最优化过程来使投资组合与标的指数保持较为接近的风险暴露程度，这是一种对完全复制法和优化复制法进行综合的复制方法。使用该方法时，抽样的过程中可以设置相应的入选条件，来体现流动性、信用风险等基本面或市场面能够影响证券价格的主要因素，从而使复制成分的风险暴露程度能够实现一致性。

字母后缀不同，基金性质也有差异

在基金市场中，投资者会碰到带有字母后缀的基金品种，比如南方大数据 100 指数 A、博时宏观回报债券 A/B、汇安多因子混合 C 等。为什么这些基金后面会有字母呢？事实上，这是为了满足不同申购渠道、不同规模资金方和不同持有期限的投资者而开发的一系列以英文字母作为后缀的基金。在基金市场中，不同类型的基金后面的字母也有不同的含义，但是在这里，我们以市场普遍使用的含义对这些带字母后缀的基金进行介绍。

股票型 / 混合型 / 债券型基金中的 A、B、C 的含义

（1）后缀字母为 A：前端收费基金份额，即申购时直接扣除申购费用。前端收费模式是当下基金份额申购中最普遍采用的基金收费模式，投资者平常申购的场外基金也都是采用前端收费模式。

（2）后缀字母为 B：后端收费基金份额，即申购时不收费，赎回时才收费。后端收费要等到投资赎回时才扣费，而且申购费率会随着持有时限的长短发生变化。当然，后端收费最终的赎回费与前端收费基金份额一样，都是随着基金份额持有时限的增加而降低。

（3）后缀字母为 C：免除申购费与赎回费，即为"销售服务模式"，基金公司会按日提取销售服务费。不过，在该模式下，基金份额持有一定期限以上时才会免收赎回费（如广发沪深 300ETF 联接基金 C 类持有 7 天以上就不需要支付赎回费）。

C 类份额是近年来才出现的基金品种及收费模式，很多投资者对其并不是

足够了解，对于持有时间不确定、以波段操作为目的的投资者来说，C 类份额可以很好地降低投资成本。目前，广发基金已有 18 只 C 类份额基金产品，覆盖规模、行业、主题等指数，是全市场 C 类份额指数产品最丰富的公司，投资者可以通过基金公司官网、天天基金网、蚂蚁财富及银行渠道购买该类基金。

指数基金 C 份额虽然较小，但投资者没有必要为其份额太小而过于担心，因为指数基金 A 份额是与 C 份额一起合并运作的，也就是 A 份额和 C 份额一起对股票仓位指数进行稀释，所以购买指数基金时，要看 A 份额与 C 份额的总规模，不要只看单一规模。

分级基金中的 A、B 的含义

分级基金中也有带字母 A 与 B 的基金份额，这两类基金分别代表不同收益和风险特征的基金份额。

（1）后缀字母为 A 的分级基金份额代表融出资金的低风险份额。

（2）后缀字母为 B 的分级基金份额代表融资炒股的高风险份额。

投资者需要了解的是，分级基金 B 类份额在场内通过证券交易渠道才能购买，该份额还是具有杠杆的激进份额。目前，场外能够买到的 B 类份额一般都是股票型的后端收费模式，而不是真正意义上的分级基金的 B 类份额。

当然，基市中还有一些带有 D、E、F 等字母的基金，它们属于相对小众的基金份额，后缀带有字母只是为了区别不同的销售渠道。

一般来讲，投资者购买基金时，如果发现一只基金有不同的份额，这时候就需要对这只基金的基本信息进行新的确认，了解清楚之后再去购买。通常情况下，不同基金份额的指数基金，其交易费用、交易渠道、风险级别等都是不相同的，购买之前的信息确认环节至关重要，投资者要做好这些准备工作，才可以下手购买。

💰 投资短报

老基金or新基金，投资者的选择困境

在基市中，如果笼统地来区分，其实可以将基金分为老基金和新基金两种。老基金就是成立时间比较长的基金，在基市中已经运行了一段时间，历经时间的积累，已经足够成熟了；新基金指刚刚成立的基金，初入证券市场，在基市中还处于刚刚起步阶段的基金产品。

1. 新老基金，各有投资优势

老基金的优势主要有：收益稳定、抗风险能力强、信赖度高。

老基金一般都是运作成熟的基金产品，而且老基金历经时间的积淀与检验，可以对其前后业绩有一个完整的对比分析，所以风险相对较小，能够给投资者一种稳重可靠的感觉。

新基金的优势主要有：负担轻松、现金充足、低位吸筹、操作灵活。

（1）负担轻松：新基金刚刚进入基金市场，不存在遗留的调仓负担，更容易抓住投资市场的机遇。

（2）现金充足：新基金刚进入基金市场，资产还没大量用在建仓持股方面，所以会有充足的现金用于申购新股，从而获得更多的收益。

（3）低位吸筹：新基金通常可以在金融市场的低位吸纳很多便宜的筹码，从而获得更有利的投资起点。

（4）操作灵活：新基金由于刚进入金融市场，还没有得到充分的发展，所以规模还不会太大，这样就比较容易操作。

2. 新老基金投资，投资各方意见不合

选择老基金的投资者认为：老基金成立时间较早，产品较多，大都已经形成了完善的理财产品线；而且衡量基金的优劣利用短短的一两年时间是根本不够的，投资市场变化无常，短期的业绩代表不了长期的业绩表现；新成立的基金缺乏足够的运作历史，供参考的可靠数据又有限，选择新基金不算是明智的

选择；投资者在选择基金时，除了要关注历史盈利水平之外，还要注意基金的运作时间。

选择新基金的投资者在市场中当然也占了很多。而且在基金市场中，还存在以下现象。

（1）新投资者喜欢买新基金。新基金的潜力非常不确定，但是投资者愿意抱着试一试的态度来购买，这反而会推动新基金的上涨。

（2）销售机构比较喜欢卖新基金。同理，还是因为新基金的潜力无限的原因，销售渠道也愿意选择卖新基金。比如，一个客户经理推销一只老基金，他需要给投资者讲解很多关于这只基金的内容，而且最终投资者通过自己的理解判断，不一定会买老基金，这样，客户经理虽然劳神费力，但是不会得到一个确定的好结果。对于新基金，销售渠道一般都会有销售奖励，申购费也不打折，销售公司和客户经理都能获得更多的收益，所以基金销售机构更愿意销售新基金。

3. 新老基金的选择，要视市场时机而定

投资者选择基金，不一定非要看好某一只新基金，也不一定要执着地对待某一只老基金。选择新基金还是老基金，其实时机最关键。也就是说投资者要看清市场，在看清市场的基础上选择更有可能获利的一只基金做投资。一般来说，市场整体趋势向上时，选择老基金；市场处于持续调整阶段时，选择新基金。比如，当市场处于牛市时，购买老基金收益可能会更高；当市场处于熊市时，购买新基金或许会更有优势。

当然，投资者购买基金时，一定要对新老基金的优缺点进行详细了解。全面地了解，做万全的准备才是最好的投资状态。就老基金来说，其优点是基金经理人经历过不同的市场行情，投资能力也得到了验证，更便于投资；缺点是老基金已经有了很大的涨幅，未来的增长空间有限，而且老基金的申购费率也比较高。就新基金而言，其优点是申购费率比较低，市场外来的预期比较大；缺点是缺少必要的参考依据，投资者的选择难度更大。

所以，综合来看，新老基金是各有利弊，投资者选择基金产品时，必须依据市场行情做足分析，理性选择基金品种做投资。

第三章

初入基金市场，熟知基金投资理念与方法

我可以保证，市场永远是错的。必须独立思考，必须抛开羊群心理。

——罗杰斯

做投资，心态很重要。投资是一种理性的决策行动，在面对投资的买卖方向、买卖数量等时，需要投资者依据自己的理性判断做出决定。

本章将会介绍基金投资的理念与方法，主要涉及投资者对自身以及投资原则的了解。对自己和投资原则了解之后，投资者还需要在投资的过程中慢慢形成自己的投资素养；作为新手基民，也要远离一些投资误区，适时调整自己的投资心态。

发掘自己的投资需求，为投资做好准备

"知己知彼，百战不殆"，这种境界适用于很多情况。在基金投资中，充分了解自己，发掘自己的投资需求，才会有投资的动机。所以进行投资之前，每一位投资者都非常有必要充分了解自己。还是那句话："不打无准备的仗。"要想在实战中运筹帷幄，就需此刻做足准备。

想想自己有没有投资需求

理财是一个钱生钱的过程，也是一种资产保值与增值的过程。所以，在面对通货膨胀影响日益严峻的当下，我们是守着自己的资产让其慢慢贬值呢，还是寻找一种途径，让财富走上一条增值之路呢？

通货膨胀可以说是理财的最大敌对方面，但是通货膨胀也是一个促使理财的动因。生活在一个涨价的时代，我们似乎被价格送到了云端，于是，放眼望去，所有的标签都是那么高的价位。猪肉价格在上涨，鸡蛋价格也在涨，房价也在涨……几乎所有的都在涨，这个动态的过程一直在持续。

投资者为什么要投资，最终的目的就是实现财富积累，但是这个投资过程却可以实现很多事：躲避购买力的下跌，稀释通货膨胀的威胁，缓冲物价上涨的压力……做投资，实现的不只是财富积累，其中的隐形福利对投资者来说也是多多益善。

不可或缺的投资理财要素

投资理财第一步的迈出，要从投资理财要素的准备着手。

没有本钱，投资何以维系？在生活中有这样的说法："如果不储蓄，人们很难活下来；如果储蓄不投资，人们很难活得更好。"投资的第一步是要有本钱，投资者可以依靠多种途径来筹集本钱，只有具备一定数额的本钱时，动手做投资才会游刃有余。

时间是通往投资成功之路的引领者。关于投资理财，人们的观点是"早点开始，长期规划"。这种观点大家都能够接受，但是在实际中，很多人可能没有做到这么及时。这里，用一个比较经典的例子来看看投资在时间的作用下会让金钱发生怎样的变化。

假设一个存钱计划是每年都向投资账户中存入 4000 元，账户的收益率为 7%，投资者 65 岁时退休。那么，从不同的时间开始投资，最终会有这样几种结果。

（1）20 岁开始投资，10 年后停止存入，65 岁时，账户的资产总额为 60 万元。

（2）30 岁开始投资，10 年后停止存入，65 岁时，账户的资产总额为 35 万元。

（3）40 岁开始投资，持续到 65 岁时，账户的资产总额为 25 万元。

（4）20 岁开始投资，持续到 65 岁时，账户的资产总额为 115 万元。

这就是时间的作用，也是投资的作用，起步的时间不同，投资的结果也不同。

选择适合自己的基金做投资

在基市，不同的基金公司，其投资方向一般也不同，而且基金经理的投资风格也各有特色，每只基金所选择的标的资产的收益目标也有差异。所以，面对基市中的各种角色与产品，投资者难免会选择困难，担忧基金产品预期收益不确定，对投资后的持有期限犹豫等。在投资者不能对基金产品进行深入分析的情况下，投资者可以选择资产配置更加倾向于蓝筹股的股票资产。

不同投资者收益预期的不同，也意味着其风险承受能力存在差异。所以投资者在了解自己的基础上要选择各方面与自己接受能力相匹配的指数基金产品，这样才不会在后期的投资过程中面临其他困扰。

重视投资基本原则，养成良好的投资习惯

在做投资的过程中，有一些非常重要和实用的投资原则可以使用。这些投资原则可以帮助投资者轻松地面对投资过程中的各种困难，也可以让投资者在不断的投资实践中养成更好的投资习惯。在这样的基础上，投资者就能够在投资的过程中获取更大的收益，逐渐积累财富。

投资过程中的重要原则

金融投资环境处于一个动态的变化过程中，在投资的过程中，投资者要面临很多风险与挑战。投资者要想在投资过程中实现稳定的收益，减少一些不必要的困扰，那么就需要坚持一些投资原则，如图 3-1 所示。

价值投资原则　　　投资原则　　　长期投资原则

图 3-1　投资过程中的重要原则

1. 重视价值投资原则

价值投资的最大目的就是挖掘价值，想方设法寻找价值最大的投资机会，然后再与时间相配合进行体现。当然，也要理性对待价值投资，价值投资要找准机会，不能在错误的时间盲目跟随入市、盲目长期持有。

目前，国内的基金都在宣扬价值投资，但在实际的投资工作中，基金经理是否完全按照价值投资的理念来做，也是存在疑问的。

在投资实操中，基金经理要秉承价值投资理念，就要从选择有价值的股票开始。而基民为了遵从价值投资，就应该选择更有发展空间的基金公司。

2. 坚持长期投资原则

基金投资本就是一项需要长期坚持的投资活动，其本质是让理财专家帮助投资者投资，也就是让理财专家通过挖掘市场中那些具有中长期投资潜力的金融产品来实现投资者的理财目的。基金是不适合频繁买卖的金融产品，擅长投机的投资者不应该选择基金进行投资，一旦选择基金，就要尽量保持长期投资。当然，坚持长期投资的基础还是价值投资。同时，做长期（一年或几年、几十年）投资时，要配置好资产，用长期闲置的资金做投资更有利于投资者。

养成良好的投资习惯，做长久的投资

基金投资者千千万万，投资的结果最多也就三种：盈利、失败、不赚不赔，但是投资的过程可谓纷纷扰扰。其实，这主要取决于投资者的投资习惯，投资习惯在很大程度上决定了投资的结果。

那么，有哪些不良投资习惯让投资者的资金白白流失呢？

1. 关心过度

基金投资非常好的一点是投资者不需要时时关注盘面变化。只要投资者找到可靠的基金公司，然后把自己的资金交给基金公司的理财专家来处理就好了。这些基金公司的理财专家都是有一定的专业能力的。所以，投资者没必要过度担心和关注基金市场的变化。若投资者对基金市场关注过多，反而会给自己更多的精神压力。

2. 盲目跟风

为了理财产品的营销与推广，开放式基金宣传越来越盛行，各种宣传单上内容应有尽有，而且宣传形式多种多样。如果只看宣传单，很难区分出哪种产品更有潜力、更有价值。买基金不是只看表面宣传就可以定夺的，也不能够跟随别人进行基金产品的抢购。所以我们要避免盲目跟风，理性选择产品。

事实上，避免这些不良习惯的发生，就是在养成良好的投资习惯，然后在投资过程中坚持这样的投资习惯，指数基金投资就可以长期地进行下去。

做成功投资，基本素养不可或缺

做任何投资，我们都希望投资者可以拥有正确的投资观。正确投资观念的养成，也可以说是投资者基本素养的体现。我们也知道，任何投资的背后都潜藏着风险，而且在很多情况下，风险越高，风险收益也会更高，但风险越高，成功的概率也就越小。虽然指数基金具有很多投资优势，但是其背后还是存在较强的风险。有些投资者为了追随高收益和投资回报，在资金投入确认时缺乏理性，盲目投资，不惜动用自身的其他资产，比如房、车，甚至透支信用卡等来购买基金，但实际上，这种不理性的行为反而没有让资产的价值发挥到最大。

金融市场是动态变化的市场，没有永不停息的上涨，有涨必有跌，这是市场规律。所以投资者要形成正确的投资观，用成功基民的基本素养来武装自己，走上成功基民之路。

一位成功的基民，一般具有以下四种基本素养。

1. 财商

财商就是投资者的理财意识。随着经济的发展，居民的收入也大幅提升，金融市场的理财产品也如雨后春笋，丰富多彩的投资产品进入人们的生活。有财商的人开始抓住机遇，关注社会中的投资机会，让自己闲置的资金活动起来，于是理财成为这些人生活的一部分。理财是人们对自己资金投向的一个规划，具备理财意识，投资者才会有动力进行理财活动。

2. 财智

财智就是理财知识。虽然投资指数基金比较简单，但是基本知识是不可或缺的；尽管我们不需要达到像理财专家那样专业的程度，但是掌握一定的指数基金投资基础常识，能让我们的投资行为变得更加理性，这能有效降低投资的盲目性。

指数基金虽然只是基金中的一类，但是指数基金包含的内容非常多。如将指数基金继续划分，还可以将其细分为很多种类。这些不同种类的指数基金，其背后的跟踪标的、风险大小、投资时机等都有差异。投资者在进行投资前，一定要将投资的产品了解清楚，对整个市场行情做一个大致的判断。

3. 理性

理性就是要做到理性投资。理性投资，首先要从选择适合自己的投资产品开始，对所选择的目标要有一个合理的收益预期；其次，投资者要认识到投资中存在的风险，不同种类的投资产品，其风险大小差异较大，特别是股票型的基金，更需要谨慎。基金投资不是收益稳固的投资，在投资的过程中，投资者需要做到理性，将风险控制在合理的范围内，也就是自己可以承受的范围内。

4. 恒心

恒心就是要坚持长期投资。投资是一个长期的过程，长期投资必须坚持。投资者在做价值投资时，要谨慎交易，坚持长期投资理念。

新手基民，远离六大投资误区很重要

不只是指数基金投资者，任何投资者刚起步做某种产品的投资时，都难免会遇到一些问题。而且由于是起步阶段，很多投资者还可能会因为专业知识的缺乏而容易进入一些投资误区。指数基金投资存在以下六大常见的投资误区，这些误区会将投资者拉入一些灰暗地带。

迷恋于新基金而抢购

市场上的新老基金各有利弊，一味地推崇某类基金并不是明智的投资行为，市场行情才是决定新老基金主次地位的要点。

（1）基金公司的宣传真实可信吗？为什么那么多人热衷新基金？

基金公司按管理资产的规模收费，这样公司的收益与旗下基金的规模就密切相关。而发行新基金，基金公司就能实现公司管理资产的规模增长。因此，基金公司在基金首发时，宣传方面的投入和力度会很大。这就要求投资者擦亮眼睛，选基金不能仅仅依靠高调的广告。新基金的优与次，要经过时间的检验才能体现出来。

（2）新基金就是稳赚不赔的基金吗？上涨空间无穷大吗？

有些投资者可能会这样想：新基金刚刚入市，上涨空间肯定很大，这样的话就是稳赚不赔。其实，并非如此，新基金运作的好与坏只跟基金自身的优劣有关。还有，基金业绩来源于基金公司对建仓时点的把握，以及其利用投资组合对风险的化解。所以，我们切勿依靠臆测就确认某一只新基金未来的收益是有保障的。

（3）新基金还有三个经常出现的问题，分别是什么问题呢？

①产品设计瓶颈。在现有金融政策及制度的影响下，新基金产品的设计缺乏新意，真正的好基金和独特基金还是不多。

②基金团队有磨合期。新基金的运作一般由一些明星运作团队和金牌基金经理配合完成，但是这样一个刚组建的团队需要一定的时间进行磨合，所以在新基金上市初期，好业绩很难取得。

③建仓时间长。每只基金的规模都比较大，一般新基金的建仓时间要花几个月的时间，这样的话，新基金可能会错过一些大盘上涨的行情。

越便宜的基金越是好基金

在理解基金价值时，投资者需要注意以下问题。

（1）基金价格与基金净值的关系。对于开放式基金来说，基金净值就是其交易价格，价格高的基金，其基金净值也高。

（2）基金净值与投资价值之间不存在反向关系。如果一只基金的净值高，则这只基金的管理能力出众，那么该基金就会更有投资价值。基金净值的上涨是以基金投资收益为基础的，基民不需要一味地追求净值过低的基金品种。

（3）长期内基金净值的增长趋势与基金管理人的能力有关。从长期着手，才能发现基金净值的增长态势，这样才可以更好地对一个基金管理人的能力做出判断。

轻信基金销售中的花言巧语

每一只基金都有其自身的销售语言，对于每一种基金的销售语言，投资者要明辨真假，谨防被花言巧语欺骗。所以，在面对基金客户经理时，我们要始终对以下几个问题保持警惕，不可轻信宣传。

（1）分红与基金本身没有任何关系，分红多少不是判断基金实力强弱的依据。基金分红来源于基金净值，在分红后，基金的单位净值会出现下降，但是基金的累积净值不会改变，累积净值才能真正反映基金的管理水平。

（2）股票型基金不一定会赚得更多。很多买股票型基金的投资者都获得了可观的收益，但股票型基金不一定都是最好的基金，因为股票型基金本身风险就高，而且股市稳定性差，所以，我们不需要执着地投资股票型基金。

（3）多数基金不会轻易跑赢大盘。投资者是要相信基金经理人对基金的运作，但是基金经理人的能力有一定的范围，所以能一直赚钱的基金还是较少的。

（4）投资分散也要有一定的限度。不把鸡蛋放在同一个篮子里面是投资者的日常守则，但是分散要有一个限度，过分分散反而会增加管理的难度。

频繁申购和赎回基金

频繁申购和赎回就是在炒基金了。投资者如果过分追求这种波段操作，反而会让成功的概率降低，这也会让投资的收益率整体降低。而且一旦操作失误，就会有很大的损失。所以做基金投资时，尽量坚持长期投资会更好。

过分依赖基金的收益排名

基金收益排名在一定程度上可以代表基金的盈利能力，但这不是判断基金是否适合投资者的依据。

（1）收益排名不等于风险排名。收益与风险是对等的，任何类型的基金都是如此。不要盲目追求高收益，将视角放在收益稳定的基金上最好。

（2）收益排名不等于综合业绩。收益排名的形成不一定是按严谨的方法得到的，所以这些收益排名的可靠性不强，以此判断综合业绩的举措不严谨。

缺乏理性地坚持长期投资

对于一只好基金，我们提倡长期持有，即使好基金会遇到被套的困境，但一段时间之后是可以化解的。而对于一些本来就存在问题的基金，投资者是没有必要长期持有的，因为其恢复的能力可能会很差，长期持有只会雪上加霜。

解决投资困扰，复利收益稳定投资者心理

面对一只优异的指数基金，我们最认可的投资策略是长期坚持投资，但在实际操作中，很多投资者明明知道长期投资的优势，但能真正坚持长期投资的投资者少之又少。这是为什么呢？

其实，这主要归根于心理。在一些金融市场的特殊时期，面对市场动荡和其他投资者的行为，任何一位投资者都很难做到心平气和地执行自己的投资计划。

做好必要的心理准备

投资基金，除了要准备好资金及相关的基金知识之外，还要做好心理准备。其实，做这些就是为了能更好地应对将来出现的风险。对指数基金投资者而言，要做的心理准备可以从以下几个方面着手。

（1）勇于承担风险。投资者要对自己的投资心理承受能力、资金能力进行细致考虑，了解自己的风险承受能力，不可贸然行动。

（2）掌握正确心态。投资者需要有耐心和恒心，并选择好适合自己的投资工具与方法。

（3）态度积极主动。指数基金投资要保持平常心，多与理财顾问交流，尊重他们的建议，这才是积极主动的理财过程，这样理财活动才会更有效。

寻找能满足心理需求的基金

指数基金的种类很多，不同的指数基金有不同的收益水平，如果找到投资者最满意的指数基金，那么就会有持续稳定的收益。关键是我们要找的基金应

该是什么样的呢？一般来说，指数基金能够为投资者带来持续的现金流，现金流越高，这只基金就越有价值。投资者寻找指数基金时，要找到那些物美价廉的基金，找到这样的基金之后，就要牢牢抓住。而对于一些火热的基金，其可能受到了很多人的追捧，反而不够安全。当然，有时候以相当便宜的价格也会买到一些优良的基金。这些指数基金或许一开始并不看好，但是其基础好，随着市场的发展，反而会恢复到良好的状态。

此外，当投资者选择好自己满意的基金类型之后，我们就需要想方设法看管好自己手里的这只基金。除非有特殊情况，一般不要轻易放手，即使放手，也要等到时机成熟时再放手。

指数基金的复利满足投资者的需求

在投资指数基金的过程中，存在复利效应。这些复利来自哪里，以什么形式来实现复利？

（1）低买高卖能让指数基金增值。低价买入，高价卖出，这是投资过程中最简单的复利形式。投资者一般会在基金估值较低时定投指数基金，等到基金价值正常或高估时，投资者就考虑卖出，这样就能够在买卖价差之间获得一些投资收益。多做几次这样的投资，就会出现复利效应。

（2）公司盈利的再投入。公司可以把每年赚取的盈利资金投入新的业务中，在追求新发展的过程中同样可以带来新收益。当基金公司按照这种模式投资时，就会用盈利不断带来重复盈利。

（3）分红再投入。有的基金公司若不需要投入过多资金来扩大业务规模时，就会将盈利部分进行分红，这样投资者在持有指数基金时，每年都可以获得基金公司的分红收益，而我们用这些分红就可以买到更多其他公司的指数，丰富我们的指数基金产品。也就是说，分红再投入开始进行又一轮的投资获利。

这些复利获利机制，可以说是给投资者吃了一颗定心丸，这对于稳定投资者的心态也相当重要。所以投资者遇到可以复利再投资的基金时，要积极地握在手中，它会给投资者带来非常可观的收益。

💰 投资短报

投资大师巴菲特的最爱——指数基金

投资界的巴菲特，堪称是一个传奇，这位曾想着用两片面包中的一片换取水仙花的少年，在进入股市之后，终于赢得了自己那朵真正的水仙花。

1957年，巴菲特筹集到了30万美元，初入股市。2005年，巴菲特个人资产达到440亿美元，仅次于比尔·盖茨；2006年，巴菲特宣布捐出300多亿美元用于慈善事业；2008年，巴菲特的总资产为620亿美元，此时巴菲特超过比尔·盖茨，成为世界首富。

巴菲特被称为"股神"，但是这位"股神"却比较特殊，他除了在股市中大张旗鼓之外，对指数基金还有着独到的见地。当普通投资者询问巴菲特投资什么产品好时，巴菲特肯定地推荐指数基金。巴菲特对指数基金可谓"情有独钟"，多次向投资者强烈地推荐指数基金，他还这样说道："通过定期投资指数基金，一个什么都不懂的业余投资者竟然往往能战胜大部分专业投资者。"

巴菲特对指数基金的推崇由来已久。2005年，巴菲特为了肯定自己对指数基金的看法，更是与华尔街许多主动基金的管理者立下了十年赌约：从2008年1月1日开始，没有职业投资人可以选出一个至少五只对冲基金组成的组合，能在十年后击败无人主动管理的标准普尔500指数的基金表现。赌约从2008年1月1日开始，到2017年12月31日结束，而最终的结果是巴菲特轻松获胜，十年赌约成为指数基金历史上出彩的一笔。

巴菲特是一位优秀的长期投资者，他在投资的过程中，一直秉持着长期投资理念。巴菲特说过："如果你不能确定你远比'市场先生'更加了解你的公司并能够正确估价，那么，你就不能参加游戏。"当投资者无法克服"市场先生"情绪时，最好的做法是购买指数基金。

巴菲特在股市的投资经验，同样适用于指数基金的投资。巴菲特认为，只有出现以下三种情况时，才可以卖出自己手中的指数基金。

（1）基本面恶化。基本面跟一个国家的宏观经济有关。如果认为一个国家的宏观经济基本面能长期发展，那么该指数对应的基本面也会是积极向好的。

（2）过于昂贵。当指数基金被过高估值时，就可以考虑卖出了，以便换成其他资产。

（3）有更好的品种。当我们持有的指数基金品种估值正常，却在市场中碰到了与自身持有的指数基金类似且更便宜的基金时，投资者就可以考虑卖出自己手中的指数基金来换取更便宜的指数基金。

巴菲特的投资成功之路，给了很多投资者启发，他最爱的指数基金，在今天已经进入大众的投资视野。

指数基金本身具有很多优势，投资与持有期间的低成本、免税、适合长期投资等优势让指数基金与投资者之间的距离更近。做指数基金投资，也成了很多投资者的选择。虽然指数基金在指数的编制、专业基金经理的有效运作、业绩跟踪等方面有一定的难度，但是指数化投资可以获取市场收益，这是所有投资者有目共睹的，而且在长期的投资中还可以战胜多数主动型基金。

在世界各地，指数化投资开始盛行，而且指数化投资是美国基金行业的基石。正是因为指数化投资的兴起，才有了后来的ETF基金。而现在我国的ETF基金在基金市场上也是风华正茂，投资者的指数投资选择越来越丰富，未来指数基金投资者规模也会随之增大。

修炼提升篇

挑选指数基金，多种策略可用

买一种股票时，不应因便宜而购买，而应该看是否了解它！

——彼得·林奇

理财产品越来越多样化，市场上的理财产品可以说是琳琅满目，银行、证券公司、基金管理公司等开始越来越注重迎合大众的口味，推出各种类别的理财工具。当然，在注重投资回报的今天，人们对理财产品的选择也开始变得理性。

本章对指数基金投资的品种选择策略进行了汇总。投资者要想找到一只满意的指数基金，就需要做充分的准备，从多个角度寻找可获利的指数基金。例如，通过比较收益率确定基金产品，或借助博格公式对指数基金的收益情况进行判断，再或者从基金的名称出发选择满意的基金……这些方法各有优劣，但是它们都可以帮助投资者找到一只更有投资价值的指数基金。

充分准备，从多个方向巧选投资对象

做指数基金投资，投资者的准备工作至关重要。一只基金的好与坏，基金公司能力的强与弱，都需要投资者做足够的准备工作才能够确定。因此，在投资基金时，基民首先要选择一家优秀的基金公司。一家能力出众的基金公司，能够对旗下的基金进行更加科学合理的管理，这样就会给投资者带来更多的效益。

如何选出一家优秀的基金公司

投资者该如何选择一家优秀的基金公司呢？可以从以下两个方面着手进行。

1. 多角度分析基金公司的能力

对基金公司的能力进行分析，目的是确定它是否可以管理好一只基金。由于大多数投资者都是利用网站进行基金的选择，所以这里我们以天天基金网的基金筛选为例。图 4-1 为天天基金网的首页页面。

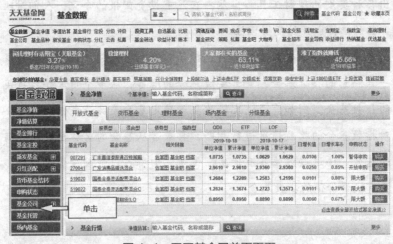

图 4-1　天天基金网首页页面

　　进入天天基金网的首页，找到页面左侧的"基金数据"，单击进入"基金数据"页面，然后找到"基金公司"项目。

　　单击"基金公司"，可以看到"基金公司一览"，继续单击，就可以查看各家基金公司的一些信息，如图 4-2 所示。

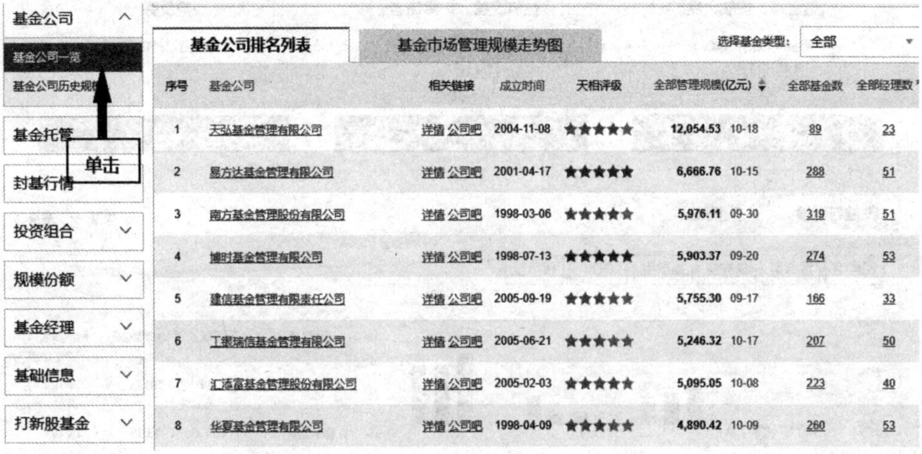

图 4-2　天天基金网基金公司一览页面

　　单击所要查看的基金公司，就能够看到与该基金公司相关的细致介绍。

　　一般来说，基金公司成立越早，那么该基金公司的经验也就越丰富，其能够给投资者带来好收益的可能性也就越大；基金公司旗下的基金数量越多、管理规模越大，则基金公司的实力越强；公司的经理人数和评级情况代表着公司的可信赖度。

　　图 4-3 是天弘基金公司的信息页面。

图 4-3 天弘基金公司的信息页面

2. 全面考察基金公司的业绩

对一家基金公司的业绩进行评估，可以参考六个标准，如图 4-4 所示。

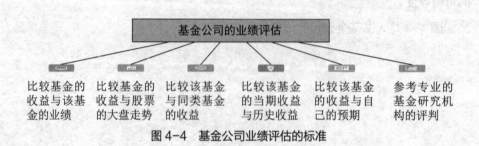

图 4-4 基金公司业绩评估的标准

投资者想要了解某家基金公司的具体情况，可以在"基金公司详情"搜索文本框里直接输入基金公司的名称或简称，这样就可以查询到相应的基金公司的数据，如图4-5所示。

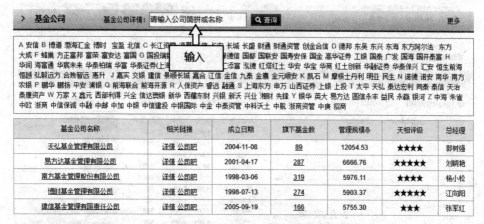

图4-5 基金公司详情查询页面

如何选出一只优良的基金

天天基金网是东方财富网旗下的基金交易平台，其拥有全面、及时的基金数据与资讯，而且还拥有较高人气的"基金吧"，作为一款强大的基金理财平台，天天基金网可以为投资者提供一站式的便捷服务。

我们还是以天天基金网为例进行基金挑选过程的介绍。

1. 查看同类基金的排名走势

当投资者对某一只基金感兴趣时，就可以在天天基金网搜索文本框中输入基金代码或关键字，单击"搜索"就可以查询基金的相关信息。例如，我们对"华夏大盘精选混合"进行查询，会看到有关该基金的各项具体信息，如图4-6所示。

图 4-6 华夏大盘精选混合指数基金页面

在基金详情页面,除了对华夏大盘精选混合基金的基本情况、实时估算图和股票仓位持仓进行展示外,该页面还对这只基金的单位净值走势、阶段涨幅、累计收益率走势、同类排名走势以及基金经理人和相关资讯等都做了详细的展示。

通过对这些数据信息进行解读,投资者就可以对一只基金的历史收益等信息有一个全面的了解,同时还能了解该基金在同类基金中的排名情况及走势。

2. 使用筛选和对比功能选择基金

如果投资者想要投资基金,但是不知道该选择哪一只基金时,就需要借助基金筛选功能找出适合自己的基金。在天天基金网筛选基金的"投资工具"栏中,单击"基金筛选",如图 4-7 所示。

图 4-7 单击"基金筛选"

然后就会进入"所有分类"基金的展示页面。在"所有分类"项目下，投资者就可以自定义设置条件查找基金。例如，我们对指数型、近 3 年基金业绩排名前 100 且成立年限大于 7 年的指数基金进行查找，如图 4-8 所示。

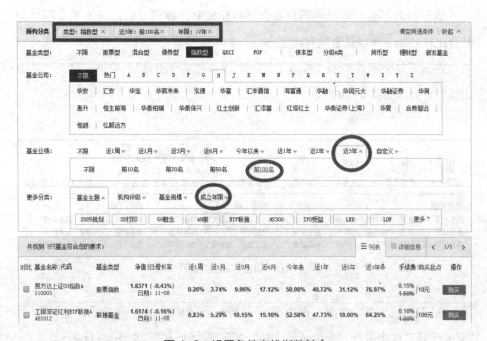

图 4-8 设置条件查找指数基金

为了更优化地选择基金，投资者还可以在基金分类页面进行自定义，选择适合的目标指数基金，如图 4-9 所示。

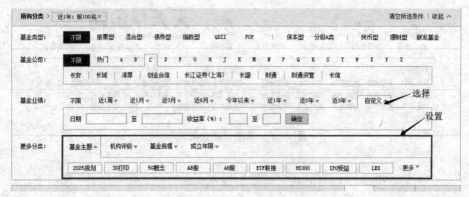

图 4-9 自定义选择指数基金

3. 使用基金比较功能对比两只基金

当投资者需要对选择的两只基金进行比较时，就可以借助天天基金网站的基金比较功能来完成基金的对比工作。

在天天基金网首页的"投资工具"栏找到"基金比较"，单击，进入"基金比较"页面，如图 4-10 所示。

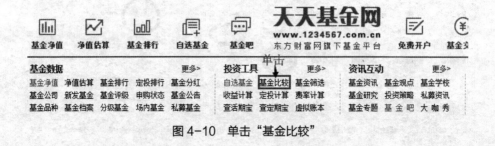

图 4-10 单击"基金比较"

在"基金比较"页面，投资者可以将自己选中的两只或多只基金添加到"当前比较"栏中进行"业绩评级比较""资产配置比较"，如图 4-11 所示。

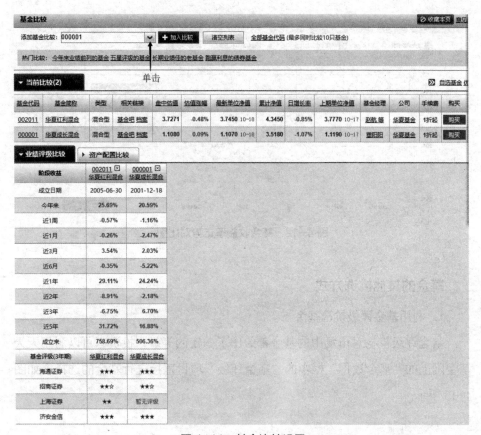

图 4-11　基金比较设置

注意：在进行基金比较时，只有同一类型的基金才具有比较的价值，如果是不同类型的基金，则比较没有参考意义。

投资者还可以参考"收益率走势对比图"对两只或多只基金进行宏观比较，如图 4-12 所示。

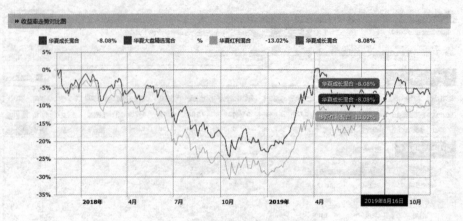

图4-12　基金收益率走势对比图

基金的其他挑选方式

1. 利用基金评级挑选基金

基金评级机构对市场中的基金都给出了一定的等级，投资者可以利用天天基金网上的"基金数据"栏中的"基金评级"项目直接进行基金的选择，如图4-13所示。

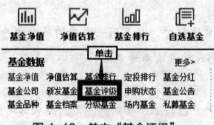

图4-13　单击"基金评级"

在"基金评级"页面，投资者可以设置相应的条件，查看特定范围内的基金评级。此外，投资者还可以在"全部基金管理公司"下拉列表中选择某一家基金管理公司下的全部基金，查看基金的评级，如图4-14所示。

图 4-14　在"全部基金管理公司"下拉列表中查看基金评级

2. 利用基金净值挑选基金

该方法参考的基金净值数据主要有以下两个。

（1）基金累计净值。当前基金净值与全部分红的累加，代表基金的盈利能力，该值越高，基金越容易获利。

（2）基金净值增长率。该基金在一定时间内的资产净值增长情况，代表了公司的利润空间，该值越高，基金获利能力越强。

坚持价值投资理念，挑选合适的投资目标

价值投资理念来自巴菲特的老师格雷厄姆，格雷厄姆的主要贡献体现在价值投资理念的确立上。正是这种价值理念影响了后来的巴菲特，使得巴菲特的投资变得非常独特。

在挑选指数基金方面，格雷厄姆的价值投资理念占据着重要的地位。价值投资理念是最适合投资者的指数基金投资方案，也是指数基金投资者挑选指数基金的重要方式。

格雷厄姆的价值投资理论

格雷厄姆对价值投资理论的研究，集中在以下三个方面。

1. 价格与价值的关系

格雷厄姆在研究价值投资的过程中发现：股票有其内在价值，而股票的价格围绕其内在价值上下波动。

这就是价格与价值的关系。价格可以上下波动，而且这种波动可能会是大幅度的波动。例如一家公司的股票价格，有时候在一天之内因为一些因素而大幅度波动，但是这家公司的价值就不会这样，其价值一般会维持在一个稳定的范围，也就是说价值不会轻易受到价格的影响。

2. 能力圈

能力圈就是要求投资者对所要投资的产品进行非常细致的了解，并能够判断出大致的价值范围。如果投资者能做到这些，那么他就具备了这个投资品种的能力圈。对品种了解得越多，他对该品种的能力圈就越大。在这里，最重要

的是能够掌握能力圈的边界范围，能力圈本身的大小倒不是很重要。

3. 安全边际

安全边际就是股价与股票内在价值之间的关系。在投资时，我们都希望用更低的价格获取更高的价值。也就是说，买卖投资产品时，我们要以比价值更低的价格去买投资产品。当投资产品的价格低于价值时进行投资，才算是具备安全边际。

格雷厄姆对价值投资的三大贡献，总结起来如下。

（1）价格与价值的关系。价格围绕价值上下波动，但从长期来看，趋势是一致的。

（2）能力圈。只有具备了能力圈，我们才能判断出投资产品的价值。

（3）安全边际。只有当价格大幅低于价值时，我们才会买入。

格雷厄姆的价值投资理论将投资者的视线转移到了投资产品的价值上，只有当投资者对某一个投资产品的价值进行充分的了解之后，才可以通过价值判断确定是否需要投资。

常用的估值指标

一只指数基金背后往往对应着多家公司的多只股票，而要对指数基金价格与价值之间的关系进行确认时，一般用一些能够对指数的价值进行评估的指标来反映，如市盈率、盈利收益率、市净率、股息率。

1. 市盈率

市盈率是公司市值与公司盈利之间的比值，公式为：

$$市盈率 = \frac{公司市值}{公司盈利}$$

用字母表示为：

$$PE = P \div E$$

市盈率有动态市盈率、静态市盈率以及滚动市盈率之分，最具有参考价值的是动态市盈率和静态市盈率。市盈率主要有以下内涵。

（1）市盈率反映了投资者为获取公司 1 元的收益需要付出的代价。

例如，一家公司的市盈率是 5，那么投资者为了获得该公司 1 元的收益，就需要付出 5 元的代价。

（2）估算市值。市值就是一家公司在市面上出售时的理论价值。

例如，一家公司一年可以赚取的净利润为 100 亿元，市盈率是 10，那么该公司的市值就是 1000 亿元。

（3）市盈率的适用范围：流通性好、盈利稳定的品种，如图 4-15 所示。

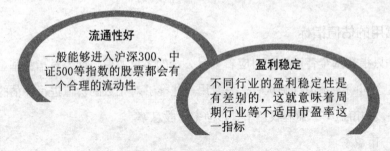

图 4-15　市盈率的适用范围

2. 盈利收益率

盈利收益率事实上是由市盈率演化而来的，公式如下：

$$盈利收益率 = \frac{公司盈利}{公司市值}$$

用字母表示为：

$$盈利收益率 = E \div P$$

盈利收益率是市盈率的倒数，表示一家公司能为投资者带来的收益率。

一般来说，盈利收益率越高，代表公司的估值就越低，公司有可能被低估。使用盈利收益率时，也要求所评估的公司具有较好的流通性、盈利稳定。

3. 市净率

市净率指的是每股股价与每股净资产的比率，也就是账面净值。公式如下：

$$市净率 = \frac{公司市值}{公司净资产}$$

用字母表示为：

$$PB = P \div B$$

公司净资产，也就是资产减去负债后的值，代表全体股东共同享有的权益。

当公司的资产大多是比较容易衡量的有形资产，如房屋、土地、厂房、原材料等，并且这些资产可以长期保值时，市净率估值就显得比较可靠。但对于一些强周期性行业，其盈利不稳定或呈现出周期性变化，那么就不适用市净率估值；而且在经济危机时期，市净率同样不适用于衡量公司的价值。

4. 股息率

股息率是企业过去一年的现金派息与当时市价的比值。股息率会随着股价进行波动：股价越低，股息率越高。公式如下：

$$股息率 = \frac{股息}{股票价格}$$

股息作为净利润的一部分，随着净利润的上涨，股息也会上涨。所以股息率的高低，也从侧面反映出一家公司市价的高低。

公司盈利、盈利收益率、市净率、股息率是对一家公司的价值进行衡量和评估的重要指标。只有当公司的价值在未来表现为增长时，其对应的指数上涨空间才会越大，对这样的指数基金进行投资才是有价值的。

比较盈利收益率，确定高收益指数基金

盈利收益率表示的是一家公司能够给投资者带来的收益率。

通过对全球股市历史数据的研究发现：大多数指数基金，如果在盈利收益率高的时候开始定投，那么将会有一个不错的长期收益；反之，则长期投资不理想。这些实践经验告诉投资者：要在投资收益率高的时候开始定投；在盈利收益率低的时候，就要停止定投，或者卖出。

盈利收益率的参考值

盈利收益率有两个可以参考的数值，即 10% 和 6.4%。与这两个数值相关，还有相应的基金投资策略。

1. 当盈利收益率大于10%时，开始定投

格雷厄姆有这样的观点：当盈利收益率大于 10%，且盈利收益率大幅高于同期无风险利率时，盈利收益率才算高。

在我国，这两条规则合并使用。也就是说，当指数基金的盈利收益率大于 10% 时，投资者就可以开始定投；如果盈利收益率小于 10%，则这个指数基金是没有吸引力的，这时候就应该停止定投，而对于已经定投的份额，则选择持有。

2. 当盈利收益率小于6.4%时，分批卖出

6.4% 是债券型基金的平均收益率。我国债券型基金的长期收益率约为 6.4%。如果指数型基金的盈利收益率不足 6.4%，那么它带来收益的可能性会很小，这时候投资者就可以将自己手中的指数基金分批卖出，换成其他形式的投资品种。

利用盈利收益率选择持有或卖出指数基金的策略，归纳起来就是以下三点，

如图 4-16 所示。

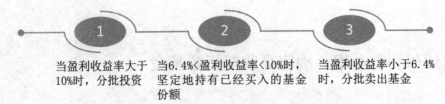

当盈利收益率大于　　当6.4%<盈利收益率<10%时，　当盈利收益率小于6.4%
10%时，分批投资　　坚定地持有已经买入的基金　时，分批卖出基金
　　　　　　　　　　　份额

图 4-16　利用盈利收益率投资基金的策略

这里提到的是分批卖出，主要是为了分散风险，分批卖出的风险会更低一些。

盈利收益率法的使用

盈利收益率法在国内外都进行过实践，而且针对不同的经济状况，指数基金盈利收益率的大小也出现过不同的波动。

盈利收益率与十年期国债利率的比率越高，表示股市相对债券投资市场的投资价值越高，未来股市的投资收益也会越高；盈利收益率与十年期国债利率的比率越低，则未来股市的投资收益率也会越低。

虽然盈利收益率法在指数基金的投资选择中有过很好的应用，但是盈利收益率法在使用上还是有一定限制的，或者说盈利收益率法有一定的局限性。一般情况下，盈利收益率适用于流通性比较好、盈利比较稳定的品种。对于盈利增长速度较快、盈利收益波动较大的指数基金，盈利收益率法是不适用的。

在国内，适合盈利收益率法的基金品种主要有上证红利指数、中证红利指数、上证 50 指数、基本面 50 指数、上证 50AH 优选指数、央视 50 指数、恒生指数、恒生中国企业指数等。当这些基金品种的盈利收益率大于 10% 时，就可以投资；当其盈利收益率小于 6.4% 时，就可以卖出。

这里需要指出的是，对于恒生指数和 H 股指数，需要走港股通等通道进行投资，还需要缴纳较高的分红税，因此投资过程较为烦琐，而且投资过程还涉及人民币与港币之间的汇率兑换，因此会产生额外的费用；内地的投资者进行恒生指数和 H 股指数投资时，还需要将盈利收益率打 9 折后作为投资参考。

借助博格公式，判断指数基金未来收益

约翰·博格是世界上第一只指数基金的发明者，被称为"指数基金之父"。而博格公式是约翰·博格发明的用于分析指数基金收益的一种工具。利用博格公式对影响指数基金收益的因素进行分析，就能够找到高速增长的指数基金或盈利呈周期性变化的基金品种。

影响指数基金的三大因素

约翰·博格通过长期的投资实践，发现了决定股市长期回报的三个重要因素：初始投资时刻的股息率、投资期内的市盈率变化、投资期内的盈利增长率。

这三个因素具体是什么，如何对它们进行分析，我们先从指数的点数讲起。事实上，每个指数的点数可以看成是指数背后的所有股票价格的平均值，即平均价。而指数的市盈率，就是平均股价与公司平均盈利的比值。用公式表示为：

$$PE = P \div E$$

对上式做一个变换，可以得到以下公式：

$$P = E \times PE$$

由该公式可以得出，指数的平均股价与指数的盈利收益率和公司的平均盈利有关。如果想让股价上涨，那么投资期内的市盈率和公司平均盈利就必须上涨。

股价是投资者收益的一个来源，而股票分红同样是投资者收益的一部分。指数的点数代表的是指数背后的一篮子股票的平均价，这个平均价只是依据这一篮子股票的价格统计而来，在统计的过程中并没有确认股票的分红。但是在实际的投资过程中，指数基金是会得到这个指数的这些成分股的分红的，所以在实际的投资活动中，投资收益还需要加上成分股的分红收益——股息率。

初始投资时刻的股息率、投资期内的市盈率变化、投资期内的盈利增长率这三个因素直接影响着指数基金的投资收益。初始投资时刻的股息率影响的是分红收益；投资期内的市盈率变化与投资期内的盈利增长率影响着投资者的资本利得收益[①]。

利用博格公式投资基金的着眼点

影响指数基金收益的因素有三个，那么为了挑选一只可获利的指数基金，就需要从这只指数基金的这三个方面着手。

1. 股息率

这个数据最容易得到。对一只指数来说，它初始投资时的股息率是确定的。一般情况下，指数基金越是被低估，也就是其价格低于内在价值时，股息率反而越高。

2. 市盈率

指数基金当期的市盈率也是确定的，之后的市盈率变化或许我们无法确定，但是市盈率的变化有一定的规律可循。从长期来看，市盈率会在一个范围内呈现周期性变化。

统计历史市盈率的变化范围，然后将当期市盈率的值放在历史同一位置进行比较，就能够确定当前市盈率的变化阶段。如果市盈率在历史变化范围内处于较低的位置，那么未来市盈率将会上涨。一般是在市盈率低时买入，未来市

---

① 资本利得收益：指低买高卖资产（股票、债券、基金、贵金属和房地产等）所获得的差价收益。

盈率上涨的概率会更大一些，那么到时候就会获得收益。

3. 盈利

对指数基金来说，只要国家经济长期发展，那么盈利在长期内必然是上涨的。只要经济表现为积极增长的景气态势，那么盈利就会顺着经济的增长而增长。

盈利在未来的变化难以预测，但是盈利与经济发展密切相关，所以可以通过对经济走势的判断来预测未来盈利水平的高低。只要国家经济正常发展，那么盈利必然会增长。

利用博格公式挑选指数基金时，我们对未来的因素很难把控，但是对于当下的因素，我们是可以通过各种方式确定的。利用这些已经确定的因素，我们就能够在已知条件下做出一些正确的投资行动。

（1）在股息率高时买入。

（2）在市盈率处于历史较低位置时买入。

（3）买入后耐心等待"均值回归"——市盈率从低到高。

指数基金投资者在投资的过程中要是能够将这三个因素进行细致考虑，那么就能够确保指数基金在未来有一个不错的收益。

博格公式的再延伸

通过对博格公式和盈利收益率的观察我们发现，博格公式和盈利收益率有相通的地方。这个相通是由盈利收益率与市盈率的倒数关系来体现的。即当盈利收益率大于 10% 时，也就是市盈率小于 10 时。而在大部分指数中，市盈率小于 10 恰好是其历史变动范围的较低位置，在此处，未来市盈率上涨的概率更大。

所以博格公式和盈利收益率都可以帮助投资者找到满意的指数基金，投资者可以根据自己的操作便捷性选择其一进行指数基金的投资操作。

博格公式虽然是一种实用的指数基金价值判断方法，但是在使用的过程中还是会遇到一些障碍，这时候就需要使用博格公式的变形进行相关问题的解决，如图 4-17 所示。

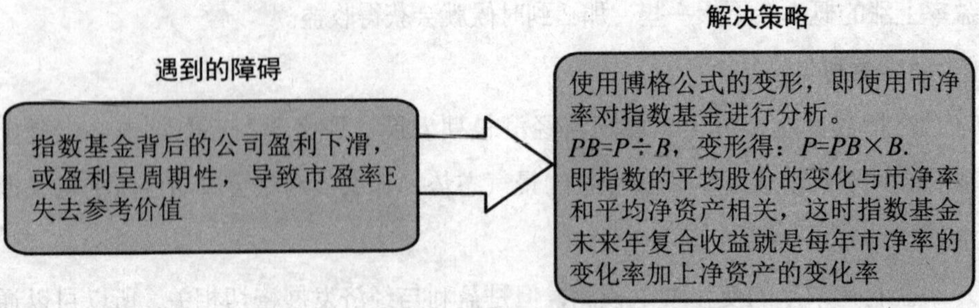

解决策略

遇到的障碍

指数基金背后的公司盈利下滑，或盈利呈周期性，导致市盈率E失去参考价值

使用博格公式的变形，即使用市净率对指数基金进行分析。
$PB=P \div B$，变形得：$P=PB \times B$.
即指数的平均股价的变化与市净率和平均净资产相关，这时指数基金未来年复合收益就是每年市净率的变化率加上净资产的变化率

图4-17　使用博格公式的变形判断基金价值

从基金名称着手，发现心仪的指数基金

指数基金的挑选策略多种多样，不同的策略，能够适应不同的需求者。不管是从一只基金的名字开始，还是从基金的分类着手，投资者都可以找到一些能够在未来获取更好收益的指数基金。而且不同的投资者依据不同的投资策略，可以灵活地处理不同基金的投资活动。

基金的名字能传递什么信息

看名字识基金也是一种基金挑选策略，一只基金的名字，可以包含很多信息。

1. 带有数字的指数名称

例如，沪深300指数，拥有300只"白马股"——指信息透明度高、业绩优良、持续增长势头明显的股票。这300只股票，由沪深两市市值排名前300的股票构成，由于排名显赫，处在引领的地位，所以这300只成分股也被称为"龙头股"[①]。这些"龙头股"充分代表了大盘走势的情况，最能反映A股市场的行情，在市场中的认可度极高。

类似的还有中证500指数等，这些指数因为成分股的不同，代表的大中小盘会不一样，因而成分股的成长力也就有所差别，像中证500指数就是成长股的代表。

面对带有数字的指数基金时，投资者需要先对数字的含义进行解读，然后

---

① 龙头股：指某一时期在股票市场中对同行业板块的其他股票具有影响力和号召力的股票，它的涨跌往往对其他同行业板块股票的涨跌起引导和示范作用。

依据这些数字提供的信息选择有获利空间的基金产品进行投资。

2. 不含数字的指数名称

例如，中证全指，由全部的股票构成成分股；上证综指，由上交所的所有股票构成成分股。还有其他一些行业指数以及主题指数等，都是不含数字的指数。

关于看名字识别基金这一项操作，投资者可以先对每一类指数基金进行深入的了解，将每一种基金背后的内容挖掘出来，这样就能得心应手地利用名称来挑选基金。

怎样选出自己心仪的基金产品

投资者要想选出心仪的基金产品，首先需要掌握的就是各类基金的基本知识，在充分认识基金的基础上，投资者才可以选出最心仪的基金产品。投资者在筛选最心仪的指数基金时，需要明确以下几个关键点。

1. 什么样的标的指数最适合投资者？

对于指数基金投资新手来说，最开始的投资对象一般都是沪深 300 指数。这与沪深 300 指数的优越性是分不开的。作为投资新手，为了保险，初始投资标的选沪深 300 指数是一个不错的选择。当投资者逐渐掌握一定的投资技巧时，就可以转移到其他指数的投资中。

2. 什么样的产品和交易方式适合投资者？

普通基金和 ETF 基金一直追求精准跟踪标的指数，在这一跟踪过程中，基金公司发挥着重要的作用，因为基金公司对基金管理能力的强弱都会反映到指数基金产品对标的指数的跟踪效果上。当然，基金管理公司的人员团队、设备等都是投资者要考虑的因素。对于投资新手来说，可能对投资的了解还不够多，或还没有股票投资账户，这时候投资新手应尽量选择普通指数基金，这类基金更适合他们。而一些投资老手，可能会看重某一家基金公司在某方面的投资能力，更愿意选择这种有特色、有吸引力的指数增强型基金，这类基金更适合这些历经基金市场多年的老手。

3. 什么样的产品有费率优势？

费率实际就是投资成本。在投资的过程中，投资者获得的收益需要扣除成本费用之后才会得到净收益。所以在投资的过程中，投资者要选择费率较低的基金产品，这样成本才会更低，收益也相应地更高。同样的指数基金，在不同的基金公司，费率可能会有差别。

4. 怎么看跟踪误差？

跟踪误差就是基金收益率与标的指数收益率之间的偏差程度，可以利用这种偏差程度来衡量指数基金收益率的大小。跟踪误差越大，说明基金的净值收益率与标的指数之间的差异越大。很多投资平台都会直接展示指数基金的跟踪误差来供投资者参考。对于同类型的基金产品，投资者要选择跟踪误差最小的基金品种。

挑选指数基金是指数基金投资过程中比较重要的一环，只有找到可靠的指数基金，投资者后续的投资过程才会有更大的保障。如果碰到优秀的指数基金，可以对其多进行关注，从各个方面进行分析，为将来持有做好准备；如果遇到面临困境的指数基金，就果断跳过。

💰 投资短报

从怀疑到信任，指数基金的投资进化史

指数基金是约翰·博格创立的，如今指数基金成为大受欢迎的投资产品，但是指数基金刚刚诞生时，其所受到的争议与排挤如海浪般凶猛，甚至连指数基金的诞生这件事，都被认为是一件"荒唐事"。指数基金这一路走来，可谓步履艰辛。

1. 约翰·博格与指数基金的"荒唐史"

约翰·博格是《财富》杂志评定的20世纪四位投资巨人之一，而且它也是世界第一大基金管理公司先锋集团的创始人与董事长。1975年，约翰·博格断定不存在能战胜市场指数的基金，于是开始推行以指数为基准进行投资的原则，与此同时成立了先锋指数基金。先锋指数基金最初打算募集1.5亿美元，结果却只募集了1100万美元。这遭到了整个华尔街投资者的嘲笑，他们将约翰·博格这一举动称为"博格的荒唐事"。

时间是最好的试金石，几十年后，人们对指数基金的偏见终于消除了，指数基金凭借其特有的优势一次次证明了它的重要价值。同时，先锋指数基金公司旗下的资产规模超过1万亿美元。

约翰·博格是指数基金的缔造者，指数基金的出现，开启了一个全新的投资时代。在约翰·博格的一生中，他被人们称为基金行业的"圣徒"，资管行业的"讨厌鬼"，他还曾常年为工薪族投资者提供低费率、低风险且收益稳定的投资产品，因此被誉为"投资行业的良知"。大概是出于对基金行业的热爱，即使到了老年，约翰·博格也不忘在媒体上关注基金行业，尤其是基金行业的弊端，他还会时不时地提出批评和讽刺。

2. 指数基金的大翻身

第一只指数基金是在1975年成立的，历经长期的沉闷，十年之后，基市中的第二只指数基金终于破土而出。在这样的沉闷期内，约翰·博格不仅要承受

华尔街气势汹汹的嘲讽，还要为先锋基金的生存问题绞尽脑汁。

但结局逆转总是让人意想不到。有数据显示，从1975年到1985年，指数基金资产由1100万美元增长到5.11亿美元；到1995年时，指数基金资产达到550亿美元；到2005年时，指数基金资产达到8680亿美元；到2015年时，指数基金资产达到4万亿美元。同时，指数基金占权益类基金的比例从1995年的不到4%增长到2015年的34%。

如今，指数基金成为华尔街投资者争抢的"香饽饽"，各大投资机构（如高盛、富达等）相继加入指数基金投资的大军中。

指数基金如何在40余年的历程中实现大翻身，这与指数基金本身的优势特征（分散个股风险、费用低廉、不依赖于基金经理人、明确风险投资收益）是分不开的。

3. 指数基金大逆转的原因

首先，从长期来看，大多数主动型基金是难以战胜指数基金的。资本市场中的投资，投资的过程是主观选择的，但是投资的结果是客观决定的。在约翰·博格计划发行第一只指数基金时，他就对1945年到1975年的标普500指数的年化收益率（11.3%）和同期主动股票基金的年化收益率（9.7%）进行了分析，从中发现，前者比后者的超额收益要高出1.6%，30年的累积收益率可达863%。之后，先锋基金继续对1975年到2015年的两者数值变化做了研究，结果依然是标普500指数的年化收益率（11.2%）高于同期主动型基金的平均收益率（9.6%）。这70年的统计数据足以说明：从长期来看，大部分主动型管理基金是很难战胜指数基金的，这为指数基金投资提供了有力的支持。

其次，1990年，加拿大多伦多交易所第一只ETF基金的出现，让指数化产品进入了跨越式发展阶段。ETF基金兼具"成本更低、跟踪误差更低、交易便捷、实时申购赎回、全天候交易"的优势，带动了指数基金投资行业的大发展。

最后，信息技术的进步消除了市场信息的不对称，并催生了更加便捷的投资方式。在计算机技术、互联网技术的引领下，大样本指数投资、跨市场投资、跨时区投资、ETF 全天候交易得以解决，这使得指数管理公司能够在全球范围内进行指数基金的规模化管理，指数基金的投资领域出现了前所未有的发展。凭借互联网技术，市场信息向所有投资者开放，各类投资者都能够依据所掌握的信息投资指数基金，这些都让指数基金的投资逐步强化起来。

第五章

依据技术与基本面分析，掌握基金价格的变化

耐心等待确定信号的出现，避免高风险的模糊不清阶段的盲目投资！

——伯妮斯·科恩

投资的进行，凝聚了投资者很多的脑力活动。一个投资方向的确定、一个投资决策的做出，都是依据大脑的判断得出的。所以投资者从打算投资的那一刻起就开始了思考与分析的漫长体验过程。

本章就指数基金投资能够利用的技术分析和基本面分析方法进行展示。技术分析和基本面分析都是投资者最常用的投资分析方法，二者的着眼点不同，但归根结底是为了找到适宜的投资方向，做出正确的投资行为，所以技术分析和基本面分析就显得举足轻重了。做技术分析时，就需要了解K线的含义，明确均线和各项指标所代表的含义。做基本面分析时，对基本经济状况的了解至关重要，各类信息、数据都将会是投资者进行投资分析的基础。

了解 K 线，掌握实用的价格分析工具

K 线是技术分析的基础，也是技术分析的对象。利用 K 线分析基市的大盘走势是很多投资者都在使用的分析方法。大盘指数是宏观经济的晴雨表，可以优先反映经济走势，也就是说大盘指数的走势总是会比实际的经济变化先行一步。

虽然在基金投资中，基金资产交由基金管理公司代为操作，但是大盘指数对于投资者来说，依然是一个重要的参考依据，大盘指数的走势变化能够给投资者提供重要的指导信息。而要了解大盘指数变化，就从 K 线分析方法的掌握开始。

K 线及其分类

1. K 线

K 线图是一条柱状的线条，它依据某个时间段的开盘价、收盘价、最高价、最低价四个数据绘制而成[1]。K 线图由实体和影线组成，并且四个数据各有自己的所属位置。K 线图的实体分为阳线和阴线。当实体为红色或白色时，称为阳线（收盘价高于开盘价）；当实体为绿色或黑色时，称为阴线（收盘价低于开盘价）。如图 5-1 所示，实体中各部分都有自己相应的名称。

---

[1] 例如，日 K 线就是由一个交易日内的开盘价、收盘价、最高价、最低价绘制而成；周 K 线就是取周一的开盘价、周五的收盘价、一周中的最高价与最低价绘制而成。

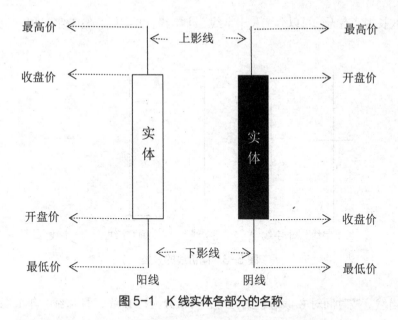

图 5-1　K 线实体各部分的名称

2. K线的分类

K 线图可以分为三种，分别是阳线、阴线、同价线。

如图 5-2 所示，阳线可以分为大阳线、中阳线、小阳线，阴线可以分为大阴线、中阴线、小阴线。

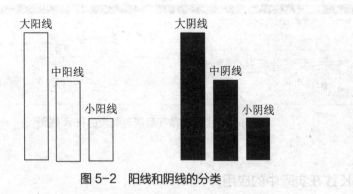

图 5-2　阳线和阴线的分类

同价线指开盘价等于收盘价的一种特殊形式的 K 线，常以"十"形、"T"形表现出来，所以又被称为十字线或 T 字线。如图 5-3 所示，同价线按上影线和下影线的长短、有无，可以分为长十字线、十字线、T 字线、倒 T 字线和一字线。

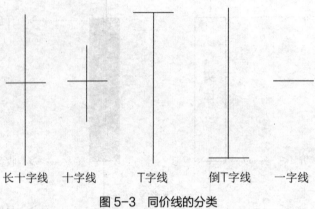

长十字线　　十字线　　　　T字线　　　　倒T字线　　一字线

图 5-3　同价线的分类

当然，按时间对 K 线进行细分时，可以分为日 K 线、月 K 线、年 K 线；还可以依据一日内的交易时间，将 K 线分为 1 分钟 K 线、3 分钟 K 线、15 分钟 K 线、30 分钟 K 线、60 分钟 K 线、4 小时 K 线等。这些不同的 K 线，反映的都是相应时间段内的价格变化趋势。图 5-4 所示为上证指数在某段时间内的日 K 线图。

图 5-4　上证指数在某段时间内的日 K 线图

K 线在实际中的应用

K 线在实际中的应用，主要表现在可以通过 K 线的形态来判断某一时间段内的多（看涨）与空（看跌）行情。我们按 K 线表示信号的强与弱，可以将其分为不同的种类。

1. 强势K线

图 5-5 所示为四种强势 K 线，分别是光头光脚阳线、光头光脚阴线、大阳线、大阴线。强势 K 线出现在趋势的末端时，后市多会出现反转行情。

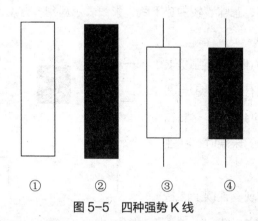

图 5-5　四种强势 K 线

①为光头光脚阳线，意味着极端强势上涨，后市看多。

②为光头光脚阴线，意味着极端强势下跌，后市看空。

③为大阳线，意味着强势上涨，后市看多。

④为大阴线，意味着强势下跌，后市看空。

2. 较强势K线

图 5-6 所示为四种较强势 K 线，分别是光头阳线、光头阴线、光脚阳线、光脚阴线。当较强势 K 线出现在趋势的末端时，行情会出现疲软态势。

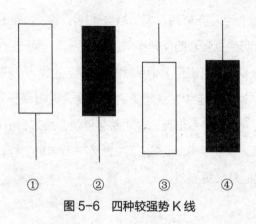

图 5-6　四种较强势 K 线

①为光头阳线，意味着较强势上涨，影线表示曾一度遭遇空方反击。

②为光头阴线，意味着较强势下跌，影线表示曾一度遭遇多方反击。

③为光脚阳线，意味着较强势上涨，影线表示遇到空方反击。

④为光脚阴线，意味着较强势下跌，影线表示遇到多方反击。

3. 弱强势K线

图 5-7 所示为四种弱强势 K 线，但总体来说只有两种，①与②是同一类的，③与④是同一类的。弱强势出现在趋势的末端时，往往表示后市的反转。

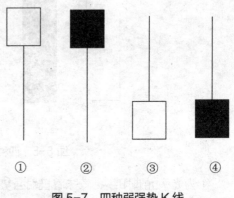

图 5-7　四种弱强势 K 线

①与②如果出现在连续上涨趋势的顶部，则称为上吊线，表示遭遇强烈的反击，后市可能会出现反转；如果出现在连续下跌趋势的底部，则称为锤子线，表示遭遇剧烈反击，后市将会出现反转。

③与④如果出现在连续上涨趋势的顶部，称为射击之星或流星线，意味着上涨受阻，后市价格可能会下跌；如果出现在下跌趋势的底部，称为倒锤子线，具有止跌回升的作用。

4. 无势K线

图 5-8 所示为七种无势 K 线，表示趋势僵持不下，如果出现在趋势的末端，会有比大阳线和大阴线更强烈的反转倾向。

①、②和③分别为小阳线、小阴线和十字星，它们出现时，一般不能确定后市的变化方向。如果在连续上涨趋势之后出现，说明涨势停顿，后市会出现反转；如果在连续下跌趋势后出现，说明跌势停顿，后市会出现反转。

④为长十字线，又称为长十字星，其含义与十字星一样，但是其对后市反转的影响力和僵持的意义更强烈。

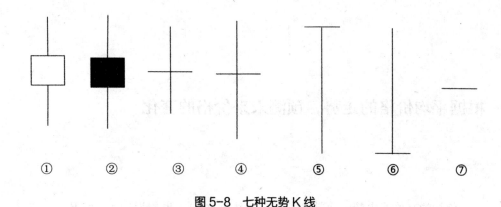

图5-8　七种无势 K 线

⑤如果出现在连续上涨趋势的顶部，则称为风筝线，表示遭遇剧烈反击，后市会有反转；如果出现在连续下跌趋势的底部，则称为多胜线，表示曾遭遇剧烈反击，后市会有反转。

⑥如果出现在连续上涨趋势的顶部，则称为灵位线，表示上涨受阻，后市会有反转；如果出现在连续下跌趋势的底部，则称为空胜线，表示曾遭遇剧烈反击，后市会有反转。

这六种无势 K 线的出现，意味着多空双方僵持不下，失去了方向感，但是如果出现在连续的涨跌趋势末端，则是强烈的反转信号。

⑦为一字线，开盘价、收盘价、最高价、最低价处在同一价位，出现在市场的涨跌停板处。

在利用各种 K 线判断行情时，要知道阳实体越长，越有利于价格上涨；阴实体越长，越有利于价格下跌。但是连续上涨之后，要谨防盛极而衰；连续强势下跌之后，可能否极泰来。

如果影线相对实体来说非常小，则可以忽略不计；如果影线很长，则说明多空双方竞争激烈，后市的不稳定性更明显。十字星的出现一般是过渡信号，不是长期的反转信号，意味着市场暂时失去了方向感，投资者需要先耐心观察几日，再决定是否交易。

根据平均价格的走势，预测未来价格的变化

价格的平均线走势，也就是移动平均线（MA），也称为均线，它是一定交易时间内价格的算术平均线。价格平均线可以真实地反映价格的变化趋势。我们可以借助价格平均线已有的变动趋势及各种价格平均线排列的疏密，对未来价格的上升与下跌进行预测。

认识各类均线

按统计时间的长短，可以对均线进行不同的命名，而它们主要分为短期均线、中期均线和长期均线，见表5-1。

表 5-1　均线的种类

短期均线	3 日均线	最短时间周期的均线，由于时间太短，对价格的波动不甚敏感
	5 日均线	一周交易的平均价格，较常用的判断依据，只要价格在 5 日内不跌破均线，就说明价格处于极强的状态
	10 日均线	又称半月线，是连续两周交易的平均价格，是研究半个月内价格变动的参考。只要价格不跌破 10 日均线，说明价格处在强势状态
	20 日均线	又称月线，反映过去一个月中的平均交易价格，是短期走势向中期走势演变的中继线
	30 日均线	是短期均线和中期均线的分界线，使用频率非常高，常与其他均线进行组合使用。价格若不会跌破 30 日均线，说明短期主力仍在其中

中期均线	45 日均线	作为短期均线与中期均线的中继线，能够很好地起到研究中期价格的作用
	60 日均线	也称季度线，是一条比较常用、标准的中期线，对研究中期价格的变动具有很好的作用
	90 日均线	中期均线与长期均线的分界线，走势平滑、有规律，是中期运行情况的重要判断依据。价格若不跌破 90 日均线，则中线主力仍然存在
长期均线	120 日均线	又称半年线，在长期均线组合中的使用频率较高，此线可以用来观察长期价格的走势
	250 日均线	又称年线，是市场运行一年后平均交易价格的反映，是市场长期走势的生命线。价格若突破 250 日均线，就是市场长期主力进场的表现；价格若不跌破 250 日均线，说明长期主力仍然存在

指数基金均线的查看

投资者需要查看某只基金的均线时，就需要借助一些基金网站或基金投资交易软件。

图 5-9 所示是天天基金网"行情中心"中，上证指数 2019 年 8 月到 10 月的日 K 线图，我们可以看到 5 日均线、10 日均线、20 日均线和 60 日均线。

图 5-9　上证指数 2019 年 8 月到 10 月的日 K 线图

均线的应用技巧

均线在技术分析中的应用，可以用美国技术分析专家葛兰碧的均线买卖八法则来归纳。

1. 四条买进均线法则

（1）均线从下降状态开始走平，同时价格从平均线下方突破平均线时，为买进信号。

（2）价格下穿均线，而均线仍在上行，不久价格又回到均线之上时，为买进信号。

（3）价格原在均线之上，价格突然下跌，但未跌破均线又上升时，为买进信号。

（4）价格原在均线之下，价格突然暴跌，从而远离均线，物极必反，是买进时机。

2. 四条卖出均线法则

（1）均线从上升状态开始走平，同时价格从均线上方向下跌，跌破均线时，为卖出信号。

（2）价格上穿均线，而均线在下行，不久价格又回到均线之下时，为卖出信号。

（3）价格原在均线之下，价格突然上涨，但未涨到均线处又开始下跌时，为卖出信号。

（4）价格原在均线之上，价格突然暴涨而远离均线时，物极必反，为卖出信号。

利用这些均线法则，就可以抓住指数基金买卖的关键点，实现低买高卖。当然，在实际应用价格平均线的过程中，还需要注意平均价格与实际价格会在时间上存在超前或滞后的效应，所以价格最高点与最低点是非常难把握的。此外，当价格处于盘整期时，移动平均线上表现出来的买卖的信号过于频繁，投资者要谨慎进行频繁的买卖操作。

安装大智慧软件，方便了解基金市场情绪

投资者都有自己习惯的看盘软件，利用这些看盘软件，可以非常方便地对基市行情进行了解。大智慧软件也是一款实用的看盘软件，它有手机版和电脑版，可以非常便捷地为投资者提供基金市场行情，并可以进行基金的买卖操作。

大智慧软件的下载安装及登录

大智慧软件的下载地址为大智慧官网，这里我们介绍电脑版大智慧软件的下载。

首先，在大智慧的官网首页找到"大智慧365电脑版"，点击下载即可，如图5-10所示。

图5-10　大智慧官网首页

其次，对下载的压缩包进行解压，按提示即可完成软件的安装步骤。

大智慧软件的登录与使用

大智慧软件安装完成后即可登录。如果没有账户，就需要先进行注册，也可通过 QQ 或微信直接进行登录，如图 5-11 所示。

图 5-11　大智慧软件的登录页面

完成登录后，将直接进入大智慧软件的默认界面。然后单击"基金"，即可进入"分级行情"界面，如图 5-12 所示。

序号	代码	名称	最新	涨跌	涨幅	总手	现手	昨收	今开	最高	最低	委买价
33	150174	TMT中证B	1046	▼0073	-6.52	30	30	1119	1046	1046	1046	1047
34	150176	恒中企B	0813	▲0001	0.12	12483	5	0812	0812	0819	0809	0812
35	150178	证保B	0902	▼0000	0.00	1491	177	0902	0902	0903	0891	0894
36	150180	信息B	1161	▼0028	-2.35	160	160	1189	1189	1189	1150	1175
37	150182	军工B	1319	▼0021	-1.57	65220	508	1340	1340	1364	1318	1320
38	150185	环保B	1895	▼0013	-0.68	7729	7729	1908	1903	1903	1877	1884
39	150187	军工B级	1056	▼0003	-0.28	2212	142	1059	1056	1087	1056	1050
40	150189	转债进取	1264	▼0119	-8.60	140	140	1383	1269	1270	1264	1246
41	150191	NCF环保B	2058	▲0046	2.29	34	34	2012	2068	2068	1969	1969
42	150193	地产B	1371	▼0012	-0.87	745	745	1383	1377	1392	1310	1365
43	150195	互联网B	0954	▼0010	-1.04	17814	17814	0964	0964	0980	0945	0948
44	150197	有色B	0778	▲0002	0.26	41.24万	355	0776	0779	0786	0772	0777
45	150199	食品B	1321	▼0055	-4.00	10954	20	1376	1408	1408	1321	1321
46	150201	券商B	1531	▼0014	-0.91	63.72万	959	1545	1543	1551	1523	1530
47	150204	传媒B	1361	▼0025	-1.80	482	482	1386	1383	1405	1361	1364
48	150206	国防B	1171	▲0012	1.04	34.39万	728	1159	1159	1184	1150	1171
49	150208	地产B端	1170	▼0130	-10.00	609	609	1300	1170	1300	1170	1170
50	150210	国企改B	1014	▲0003	0.30	19074	19074	1011	1011	1018	1002	1014
51	150212	新能车B	1126	▲0039	3.59	88543	317	1087	1094	1142	1092	1124
52	150214	TMTB	1006	▲0038	3.93	4	4	0968	1006	1006	1006	0935
53	150218	新能源B	1595	▲0003	0.19	269	269	1592	1515	1595	1515	1590
54	150220	健康B	1053	▼0004	-0.38	67229	67229	1057	1050	1056	1025	1047

图 5-12　分级行情页面

在"分级行情"界面，会展示每一只基金的名称、代码、涨跌幅等信息。

为了快速查找某一只基金，投资者还可以在分级行情页面左上角的搜索框中输入基金的代码、名称来查找基金，如图 5-13 所示。

图 5-13　基金查找页面

投资者想对某一只基金进行详细了解时，可以在分级基金页面双击某只基金的名称，这样就可以查看该基金的分时走势图、技术分析图、基本资料及其他信息，如图 5-14 所示。

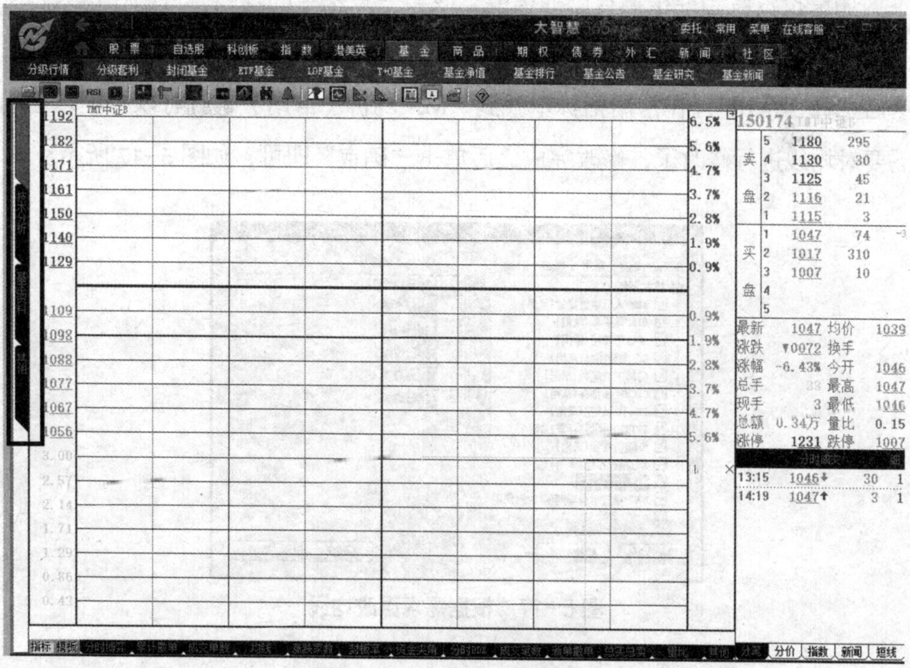

图 5-14　基金信息查看页面

单击"分时走势"页面左侧的"技术分析",就可以查看这只基金的日K线图。然后在图中所示的位置点击上拉框,就可以对所要观察的K线进行更改。如图5-15所示。此外,将鼠标移动到K线图的上方区域,会显示出"K线分析指标设置区域",在该区域里,同样可以通过"指标"来对K线进行更改。如图5-16所示。

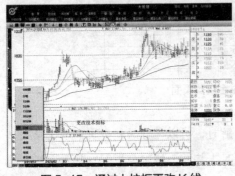

图5-15　通过上拉框更改K线

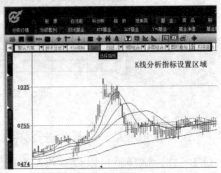

图5-16　通过"指标"更改K线

如果投资者想要根据自己的需要修改某一只基金的均线,可以在这只基金的技术分析页面上方的工具栏找到"指标"项,单击进入"选择指标"页面,然后选择"常用",在常用指标里找到"MA均价(常用)",就可以根据自己的需要对均线进行修改了,修改完成之后单击"确定"即可,如图5-17所示。

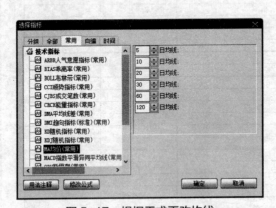

图5-17　根据需求更改均线

在"技术分析"页面,单击鼠标右键,在弹出的对话框中就可以进行"K

线定位""十字光标"等设置，改变查看风格，如图5-18所示。

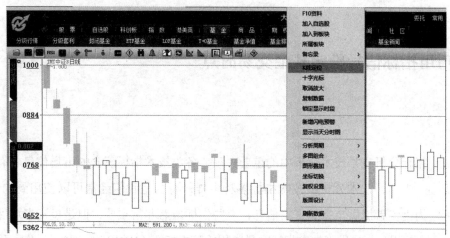

图5-18　更改K线查看风格

此外，投资者要对某一段K线图进行放大时，如图5-19所示，只需要按住鼠标选择这一段位即可，如果需要将图像放得更大，重复选择几次即可。如果需要取消放大，单击鼠标右键，在出现的选择框里选择"取消放大"即可。

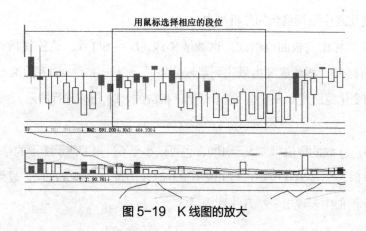

图5-19　K线图的放大

投资者对大智慧的默认界面不适应时，还可以通过页面上的"菜单→终端→选项"对背景等重新进行设置。

巧用指标信号确定基金交易时点

指标分析也是技术分析中的重要一项，各类技术指标蕴含的市场信息各有所指。当然，技术分析中技术指标多种多样，有些是我们经常可以使用到的，可以为投资者提供丰富的交易信息；有些指标虽然非常重要，但是投资者可能并不会使用到。这里就技术指标中最常用的随机指标（KDJ）和指数平滑异同移动平均线（MACD）进行介绍。

KDJ 指标及其应用技巧

KDJ 指标是指以最低价、最高价、收盘价及基本数据计算得出的 K 值、D 值、J 值的每一个点连接而成的线。KDJ 指标也是一个比较新颖和实用的技术指标，主要用在中短期趋势的分析当中。

KDJ 指标由三根曲线组成，也就是 K 线、D 线和 J 线。这三根指标线，移动速度有区别，移动速度由最快到最慢分别是：J 线 >K 线 >D 线。K 线、D 线和 J 线的变化范围是 0 ～ 100。这里对上证指数的 KDJ 指标进行展示，如图 5-20 所示。

事实上 J 线的取值可以大于 100，也可以小于 0。为了便于图形的绘制，当 J 大于 100 时，仍按 100 绘制；当 J 值小于 0 时，仍按 0 绘制。这样，最终只会在 KDJ 指标图形中表现出一些直线片段。

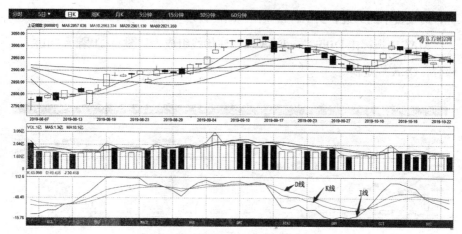

图 5-20　上证指数 KDJ 指标的展示

在使用 KDJ 指标时，主要按以下要领进行操作。

（1）D 值向上趋近 80 或超过 80 时，说明买盘力量大，进入超买区，市场可能下跌。

（2）D 值向下趋近 20 或跌破 20 时，说明卖方力量很强，进入超卖区，市场的反弹性增强。

（3）J 值 >100% 时，超买；J 值 <100% 时，超卖。

（4）当 K 线与 D 线交叉时，如果 K 值 >D 值，说明市场上涨，K 线从下方突破 D 线，行情上涨，可适当买进。

（5）如果 K 值 <D 值，K 线从上向下突破 D 线，则行情转跌，可适当卖出。

（6）如果 K 线与 D 线交叉突破后反复在 50% 左右震荡，则说明行情正在整理，此时结合 J 值，观察 K 线与 D 线偏离后的动态。

如果价格层层拔高，而 K 线与 D 线层层降低，或完全相反，这种情况被称为是"价线背离"，预示着市场行情的转向，进入一个多头或空头区位，投资者要及时改变自己的交易方向。如果价格变化过快，那么 KDJ 指标将不再适用。

MACD 指标及其使用技巧

MACD 指标是利用快速移动平均线与慢速移动平均线之间的聚合与分离状

况，对投资中的买进、卖出时机做出判断的技术指标。

MACD 指标由 DIFF 线、DEA 线和柱状线组成，如图 5-21 所示 DIFF 线是核心，DEA 线是辅助。

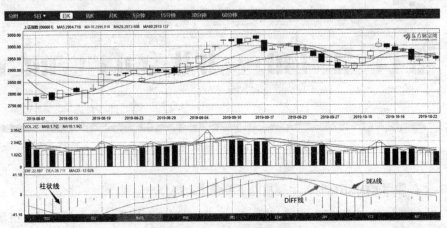

图 5-21　MACD 指标的组成

（1）DIFF 线是快速移动平均线（12 日移动平均线）和慢速移动平均线（26 日移动平均线）的差。如果差值为正，则为正差离值；如果差值为负，则为负差离值。在持续上涨的行情中，正差离值会越来越大；在持续下跌的行情中，负差离值的绝对值会越来越大。

（2）DEA 线是 DIFF 线的算术平均值。

（3）柱状线是 DIFF 与 DEA 的差值。当 DIFF 线在 DEA 线的上方时，差值为正，柱状线在 0 轴的上方，显示为红柱；当 DIFF 线在 DEA 线的下方时，差值为负，柱状线在 0 轴的下方，显示为绿柱。

（4）如果 DEA 线和 DIFF 线运行在 0 轴下方，则表示现在的市场是空头市场；如果 DEA 线和 DIFF 线在 0 轴上方运行，则表示现在的市场是多头市场。

（5）DIFF 线由下向上穿过 DEA 线时产生的交叉点，叫作黄金交叉，是买入信号；DIFF 线由上向下穿过 DEA 线时产生的交叉点，称为死亡交叉，是卖出信号，如图 5-22 所示。

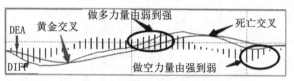

图 5-22   DIFF 线 DEA 线形成的买卖信号

（6）0 轴上方的柱状线是做多信号。当其增多拉长时，多方气势越旺盛，多方行情将持续；当其减少缩短时，表示多方气势在衰减，价格随时可能下跌。0 轴下方的柱状线是做空信号，当其增多拉长时，说明空方气势旺盛，空方行情将继续；当其减少缩短时，表示空方气势在衰减，价格随时都可能止跌或见底回升。

MACD 指标还可以与 KDJ 指标结合起来进行行情分析。一般地，KDJ 指标是一种超前指标，能够快速反映价格；而 MACD 是一种趋势指标，其运动轨迹与市场价格变化基本同步。当二者结合起来时，KDJ 指标可以及时反映出短期交易的买卖信号，MACD 指标则会进一步反映趋势，这样就可以更好地判断市场价格的中、短期波动。

不过，投资者在利用技术分析指标看大盘走势时，还是需要注意以下两点。

（1）不抄底，不超顶。在市场的下跌和上涨行情还没有完全结束之前，投资者不可过早入市或过早离市，要等到各项指标发出操作信号时再进行手中的投资操作。

（2）不被价格的日常波动困扰。基金的价格波动取决于基金的收益与亏损的情况，而收益与亏损一般都是基金管理人来负责的，所以投资者无须过于关注基金的日常价格波动，只需要把握好合适的时机买入或者赎回基金。

把握宏观因素，做全方位基本面分析

基金投资也需要关注一些基本面的信息与状况。基金的基本面分析不会过多地关注历史图表和数据，也不会利用它们进行预测分析，而是将焦点集中在每一只基金背后公司的财务状况、市场消息、宏观政策等方面，以此来判断基金价格在市场中的中长期发展趋势。

基金基本面分析要素

基金的基本面分析着重的是影响基金价格变动的内在因素，这些因素主要包括五个方面，如图 5-23 所示。

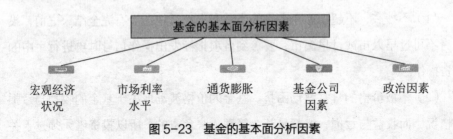

图 5-23　基金的基本面分析因素

（1）宏观经济状况。基金是较适合长期投资的理财产品，而且长期来看，证券市场的走势变化是由一国的经济发展水平和景气状况决定的，证券市场也可以看作是宏观经济的晴雨表。在西方成熟的证券市场中，证券市场的变动趋势与国家的宏观经济周期基本吻合。

（2）市场利率水平。"利率"一直是金融市场中非常敏感的一个词，利率上升，投资者会被存款利息吸引，资金开始流入银行，投资减少；利率下降，存款利息的吸引力淡化，投资者的投资意愿相应地会增强。所以利率的高低变化将会影响证券市场的投资量。

（3）通货膨胀。在通货膨胀初期，货币流通量将会增加，进而刺激生产和消费，企业盈利增加，股票价格上涨。随着通货膨胀的加剧，市场利率开始上升，股价开始下跌。

（4）基金公司因素。影响基金公司收益水平的因素主要包括基金公司的财务状况、经营情况好坏、管理能力强弱、投资分析团队的水平、资金投向、发展潜力等。

（5）政治因素。指国际政治形势、政治事件、国家间的关系、重要领导人的变更等能够对证券市场产生直接或间接影响的政治因素。

宏观经济对基金投资的影响

宏观经济具有一定的周期性，我们称之为经济周期。经济周期一般要经历衰退、萧条、复苏、繁荣阶段。在经济的周期性变化中，价格是一个非常重要的值，因为经济的好与坏都会表现在价格上，而价格的明显变化是投资者最直观的感受，这种价格变化，最终将会影响投资者的投资选择。例如，当经济衰退时，百业不兴，投资者会远离证券市场，每日成交量会非常稀少；当经济萧条期已过，经济开始复苏时，价格会升高，这时候投资者开始进入证券市场，交易日渐转好。

因此，在不同的经济周期内，证券市场的投资操作是有区别的。也就是说，掌握了经济周期的波动，就可以抓住证券市场的操作方向。但是怎样才能掌握经济周期呢？这就需要从衡量经济的先行指标[①]、同步指标[②]、滞后指标[③]开始，具

---

① 先行指标：又称超前指标或领先指标，是指总体经济达到高峰或低估前，先行出现高峰或低峰的指标。

② 同步指标：又称一致指标，是指其达到高峰或低谷的时间与总体经济活动出现高峰或低谷的时间大致相同的指标。

③ 滞后指标：又称落后指标，是指其达到高峰或低谷的时间晚于总体经济活动出现高峰或低谷的时间的指标。

体内容见表 5-2。

表 5-2　宏观经济指标的表现

经济指标	表现
先行指标	金融机构新增贷款、企业订货指标、土地开发面积、采购经理人数、新订单数量、存货水平
同步指标	国内生产总值、工业生产总值、社会消费品零售总额
滞后指标	财政收入、工业企业实现利税总额、城市居民人均可支配收入

　　知道了这些经济指标之后，我们需要做的就是查看这些宏观经济指标并对其进行判断。

1. 在中国人民银行网站查询经济数据

　　中国人民银行官网有丰富的金融信息，投资者在这里可以了解我国的货币政策、利率、金融市场行情等信息，如图 5-24 所示。

图 5-24　中国人民银行网站页面

　　进入"金融市场"页面，就可以看到与金融市场相关的各项内容，如图 5-25 所示。而我们要进行的是指数基金投资，就可以重点关注金融市场运行分析。

图 5-25　金融市场页面

2. 在国家统计局网站查询经济数据

通过国家统计局官网的"统计数据"（如图5-26所示）可以了解不同月份的工业、城镇投资、房地产开发、居民消费等信息。

图5-26　国家统计局网站页面

进入"统计数据"页面，投资者可以根据需要查询相关的统计数据，还可以查阅一些已经生成的统计报告，如图5-27所示。

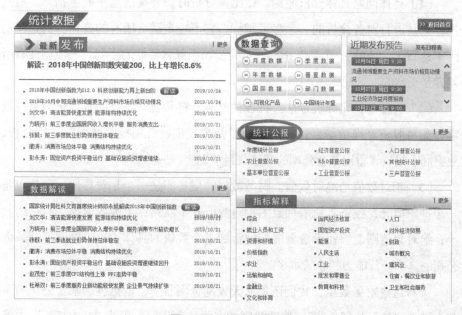

图5-27　统计数据页面

例如，需要月度数据时，就可以进入"月度数据"查询页面，如图5-28所示，选择相应的指标进行查找即可。

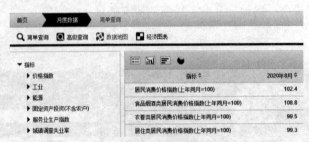

图5-28　月度数据查询页面

财务数据对基金投资的影响

财务数据的分析主要是针对基金公司而言的，投资者可以利用基金公司的资产负债表、所有者权益变动表等周期性报表，对一家基金公司的整体情况进行财务方面的分析。在进行财务分析时，需要遵循一定的原则。

（1）具体问题具体分析原则。做比率分析时，要灵活运用财务指标。财务指标只是进行财务分析的一个参考指标，它不一定适合所有的公司。例如流动比率达到2:1只是一个参考指标，不同公司因经营特性的不同，其流动性有所差异是正常的。

（2）实行单位化分析方法。将各种财务资料和会计项目的数字化为单位数字，如每股资产净值等，这样更方便对基金规模、公司经营情况等进行分析，更有利于投资者看出基金公司的经营获利情况。

（3）相对数值与绝对数值。财务数据的增长率是一个相对数值，而且也是一个抽象概念，投资者凭借抽象的相对数值并不能具体了解各项财务数据的大小；绝对数值则能够让投资者清晰地看到某个数值的具体大小，进而了解基金公司的真实经营能力和业绩水平。

查看这些财务数据，我们还是从天天基金网着手，依据挑选基金公司的步骤，进入"基金公司一览"，然后找到相应的基金公司，在其"基本概况"中就可以找到与该基金公司相关的各项档案信息。

正确利用各类投资信息，发现交易机会

为了对基金市场有更多的了解，把握更多的指数基金交易时机，投资者还可以关注与基金市场相关的各项信息。这些与基金相关的信息，会给投资者带来很多帮助。

投资者需要关注的基金信息

指数基金虽然适合长期投资，但是这并不意味着投资者在持有期内可以对自己的指数基金不闻不问。作为一个理性的投资者，要对自己的指数基金进行定期查看，对持有基金的损益情况进行监控，观察自己的基金净值在同类型基金中的表现，以及权威评级机构的排名等信息；还要对自己持有的指数基金的公开信息进行了解，看看需不需要根据这些信息对自己的指数基金结构进行调整（买入、转换、赎回等）。

基金公司都会按要求披露相关的信息，所以基金公司的信息透明度还是比较高的，投资者要从选择基金开始就充分利用这些信息。一般来说，投资者投资指数基金之后，可以重点关注以下这些参考信息。

1. 基金的定期报告

基金的定期报告就是基金的年度报告、中期报告、季度报告等会计报告，以及基金资产净值公告、基金投资组合公告等，如图 5-29 所示。

基金的年度报告、中期报告、季度报告中包含大量非常有用的信息，比如基金的重仓股、基金的资产配置比例、基金投资重点的变化、基金管理人的投资回顾和对未来市场的观点。

 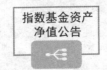 

指数基金的会计报告	指数基金资产净值公告	指数基金投资组合公告
公布会计期间持有的股票及持股变动情况	开放式基金会在每个开放日的第二天公告开放日基金单位净资产	每季公布一次，披露基金投资组合行业分类比例，以及基金投资市值计算的前10名股票明细

图 5-29　基金的定期报告

我们可以通过一些投资软件获取这些定期报告，例如，在大智慧软件中，我们只需要单击某只基金的名称并按【F10】，就可以弹出这只基金的基本资料，可以看到与这只基金有关的基金公告、财务数据、回顾展望等，单击就可以进入更加详细的介绍页面，如图 5-30 所示。

![基金基本信息截图]

图 5-30　在大智慧软件中获取基金公告

投资者依照此方法就可以随时对自己持有的指数基金基本信息进行了解。

2. 基金的重大事项报告

重大事项是指可能对投资者的权益及基金单位的交易价格产生重大影响的事件，包括基金份额变动报告、基金经理的变更、基金分红方案等事项。

因为老基金有时候会经过改制，变成新基金后重新在交易所上市交易，所以持有老基金的投资者还需要注意自己持有的老基金改制后的新基金的名称及上市事项等公告。

对于基金公司公布的一些临时性信息，例如基金代销机构的变化、网上交易信息、申购率的优惠、促销活动的推广，投资者也可以进行了解。

正确使用基金的相关信息

基金公司每天都会定时在证券等相关网站上公布基金的报价、基金市场指数等，各类基金的每日、每周排名等也会在证券报刊或网站上进行发布，投资者可以随时随地地了解与基金有关的各类信息，当然这些信息可能会有一定的滞后性，但是投资者以此作为参考还是可取的。一些证券报刊上经常会有一些资深投资人的行情分析文章，这对投资者来说是很好的学习方式。

通过阅读这些发布在网站或者证券报刊上的文章，投资者可以了解市场的大致方向，对市场前景做出一定的预测。如果经常关注基金公司的网站，还可以利用基金公司公布的这些信息对基金公司的业绩等做出合理的预期，全面掌握其经营情况，这对投资者的投资也是非常有益的。如果投资者在长期的信息阅读和观察中发现一些重要信息，也可以及时避开，正确地调整自己的投资方向，谨防遭受损失。

散户面貌大数据分析，知己知彼做投资

指数基金在我国的发展时间还不是很长，因此了解指数基金的投资者还很有限。但指数基金凭借自身的优势还是吸引了很多投资者的关注，所以在证券市场的大批散户投资者中，也有一批是属于指数基金的散户。那么这些指数基金的散户在投资过程中会有什么样的表现呢？

作为指数基金的投资者，对这些散户投资者的情况进行了解，对自己的指数基金投资也会有所帮助。

透过散户看指数基金投资

为了更全面地了解指数基金投资者的表现，天弘基金在 2018 年底进行了一轮大样本的调查，利用收回的 3.5 万份有效问卷对基金散户投资者进行分析。

1. 散户投资者对基金的认知

天弘基金的调研发现，散户投资者对基金的认知，主要表现在以下方面。

（1）散户对指数基金的认知还需要加强。散户普遍了解基金，但是对指数基金的了解程度不高。在调研的样本中，有 75% 的投资者听说过指数基金，且其中有 60% 的投资者购买过指数基金，但这些购买者中仍有 17% 不知道指数基金具体是什么。

（2）散户对指数基金的收益期望较高。散户投资者大多数对指数基金有较高的收益预期，有 63.3% 的投资者期望指数基金的年化收益率在 10% 以上。而且 68.6% 的投资者都可以承受 10% 以上的投资亏损。

（3）散户投资者可以分为两类。投资者对指数基金的看法各有不同，但是整体上投资者都能用长期的眼光看待指数基金，这些投资者可以分为两类：36.9%的投资者认为市场底部区域是投资的好时机，30.7%的投资者坚信指数基金在未来定会大涨。

2. 指数基金持有者的状况

首先，散户投资者购买指数基金，主要是看中了指数基金所表现出来的优势：费用低廉、简单、清晰、易理解、持仓股透明、容易上市跟踪市场行情。34.9%的指数基金投资者是在自己的研究基础上购买。投资者购买指数基金时，主要关注产品的两个方面：长期业绩和产品费率。

其次，散户投资者持有指数基金的金额普遍较低。调研数据中，持有指数基金的投资者中有57%的投资者持有金额在5000元以下，仅有8%的投资者持有金额在50000元以上。投资者更偏爱长期持有指数基金，而且在投资方式上也更加倾向于定投。

最后，面对指数基金的上涨与下跌，投资者会采取以下不同的行动。

（1）指数基金上涨。当指数基金上涨且超过预期收益目标时，有48.8%的投资者选择卖出自己手中的产品，同时有几乎相同占比的投资者在这时会选择继续持有，仅有4.1%的投资者选择在这时候加仓。天弘基金净值用户较专业，这时会有67.4%的投资者及时卖出止盈。

（2）指数基金下跌。当指数基金下跌超过投资者的心理预期时，42.2%的投资者会选择加仓，分摊风险，35.7%的投资者会选择卖出，进行止损。而天弘基金的净值用户则显示出更强的专业性，仅有7.3%的投资者会卖出，62.7%的投资者继续加仓。

指数基金散户画像分析

天弘指数基金的调研分析显示，与同时期天弘余额宝货币基金的男女比例53%和47%相比，天弘指数基金的投资者中，男性占比为65%，女性占比为35%。而且调研还发现，指数基金投资者的平均年龄是33岁，80后、90后成为指数基金投资的主要群体，尤其是80后投资者，占比为41.8%，成为指数基金投资的中坚力量，理财实力和资金实力都较强，对权益投资比较热衷。

大部分指数基金的投资者都是从体验式投资开始进行指数基金投资的，他们普遍表现为先小笔买入，试试看。尝试之后，大多数投资者会逐步增加指数基金的购买金额。

通过对散户投资者累计收益率的分析发现，截至 2019 年 3 月末，有 59% 的投资者是盈利的，近半数的投资者收益率在 ±5% 以内，收益率高于 30% 的投资者仅有 2%。也就是说收益率表现出标准的正态分布，盈利投资者稍多于亏损投资者。

散户投资行为分析

天弘基金通过研究近 1000 万名指数基金投资者三年的交易数据发现，短炒、定投、长投是指数基金投资者最主要的投资行为。

（1）短炒投资者相对最多，而且也比较专业，一旦看准行情，就会迅速出手。

（2）定投投资者的根基最深厚、最稳。是人均申购金额和保有金额最高的一类投资者。

（3）长投用户的收益波动最大，这主要是因为近年来证券市场波动较大造成的。

根据天弘基金大数据中心的研究，在三大类投资者中，男性更偏好于短炒，女性更擅长长投。如果按年龄来划分的话，90 后更偏好于短炒，而中年投资者更钟爱于长投和定投。

不同投资者的投资攻略

事实上，不同的投资群体有不同的投资策略。

（1）投资新手和上班族的定投选择。投资新手和忙碌的上班族做指数基金投资时，如果无法确定自己的买卖时机，就试着在市场相对低点定投，适时止盈，这样的投资效果会更好。

（2）专业投资者长投和短炒都适宜。专业投资者在对市场行情有较大的把握时，在市场底部区域买入持有、逢高卖出是一种非常有获利希望的投资方法。长期投资或利用短期波动买卖都是适用于专业投资者的。

（3）配置型投资者选择组合与策略投资都合情合理。对于机构投资者来说，他们的投资规模都比较大，选择指数基金可以很好地对其资产进行配置，这对降低其风险具有重要的作用。对于有一些投资经验但还没达到专业程度的投资者来说，除了做定投之外，还可以进行组合投资和策略投资。

就指数基金的投资收益的波动性来说，长投投资者的收益波动远大于短炒，而定投收益波动居中。形成这种现象的主要原因是 A 股市场的波动性较大：当市场整体回落时，长投投资者的整体收益率会表现不佳；当市场持续上行时，长投投资者的整体收益率又会表现为整体高于短炒投资者。

💰 **投资短报**

基民经验总结，长期持有更利好

做指数基金投资时，投资者都会有一些疑问，他们会纠结于要做波段投资还是长期投资，要不要信赖投资专家……一系列的问题都会困扰投资者，那我们先来看看一些投资者的亲身经历，通过他们的投资案例，其他投资者应该会对指数基金投资有更深的理解。

1. 小王的基金投资经验总结

小王自从在股市投资失利后，便转战基金市场。小王之所以在股市遭遇失利，主要是因为他太心急，而且对行情震荡反应太敏感，稍微出现几许波动，小王就担惊受怕，所以小王总是在自己最担心的时候抽身卖出。结果小王这不合时宜地卖出、买进，最终从整体来说还是亏了。而其他投资者虽然也经常做波段操作，但是他们大多不像小王那么心急，会耐心等到了好时机再出手，最终在股市中获得不错的收益。

小王转战基金市场后，做了很多基本功，比如了解基金投资的基本知识，参加各类基金相关的讲座、投资策略报告会等。之后，小王开始了基金投资。

在基金投资初期，小王还是会犯一些以前在股市中会出现的错误。比如，基金收益稍微超过20%，大盘开始震荡时，小王就以为行情要结束了，转势可能会发生，就开始赎回基金，结果小王赎回不久后，行情又开始上涨了。这样的情形经历几次之后，小王总算是学到了一些技巧：基金投资不能像股票投资那样借机做波段操作，长期持有才是较好的选择。

之后，小王的基金投资收获不小，他发现，基金的波动幅度要远远小于股价的波动，做基金投资时，要适当地"忘记基金"，不要时刻关注基金的涨跌。

2. 老张的基民成长之路

老张也是一位在股市摸爬滚打了好几年的股民。一个偶然的机会，老张从财经频道了解到基金是专业团队帮助理财，于是老张心动了，买了基金。老张之后买基金，都是听朋友们说什么基金好，就买什么基金，渐渐地，老张手中的基金开始积攒得多了。在 2014 年的股市大震荡中，老张的股票被套了很多，基金也有损失。但是老张最终一算，发现股票涨的时候是可以赚一些钱，但是跌的时候又会赔进去不少，最终留在手中的已经损失了大半。老张同时也发现，自己虽然在不同的基金里倒腾了，但最终还是赚了不少，于是老张开始专注于做基金投资。老张觉得，专业团队还是不一样，以后做基金投资，就让基金投资专家帮自己理财。

3. 老余坚信的是科学投资理念和方法

老余作为一名普通的工人，生活所需全靠工资支撑，各项支出都是在计划的前提下才敢支出。但是一次偶然的机会，老余听到银行的工作人员在推荐基金，听着听着就心动了，他觉得投资基金是自己可以接纳的理财方式。于是，老余开始学习基金的相关知识，对基金有了初步的掌握之后，老余买了银行工作人员介绍过的那只基金。

刚开始做投资时，老余把这项投资看得非常重，总是在市场回调时赎回基金，频繁地申购、赎回，让老王也花了一些手续费，幸亏当时证券市场行情较好，老余很幸运地躲过了亏损。2014 年之后，老余抓住了证券市场的行情，坚持长期投资，资金规模翻了将近一倍。

这次投资经历让老余获利不少，他总结自己的投资经历时提到："科学的投资理念和方法一定能够指导你投资成功。我相信随着投资时间的增长，未来我会取得更好的收益。"

还有很多基金投资者，他们在总结自己的投资经验时，总是会提到长期投资最保险，甚至将其形象地比喻为"栽下的小树不能随便拔"。而且他们还强调，这棵小树不是随便的一颗小树，是经过千挑万选才找到的一棵小树苗。当然，他们也提到，这棵小树苗不能拔也不是绝对的，如果小树苗在成长的过程中发生意外，应当机立断地拔出，腾出树坑另栽新树苗。

基民做基金投资的过程中，要想坚持长期投资，前提是资金不被套牢，所以投资者需要注意以下事项，以防基金被套。

（1）不盲目抢反弹。反弹不等于反转，市场中的不确定因素有很多，投资者要理性对待。

（2）净值波动幅度较大的基金容易被套牢。基金净值短期波动可以带来短期套利机会，但容易出现套牢。

（3）绩差基金的套牢只能通过基金转换来解决，如果发现自己的基金表现较差，投资者要及时进行转换。

（4）及时转换思维，动态看待基金的业绩表现，用发展的眼光看待基金的成长，形成良好的投资理念，从容做投资。

（5）对净值保持不变的基金、换手率高的基金、基金经理变动频繁的基金，投资者要慎重。

对基民来说，投资基金被套是常有的事，但是也有六大解套策略。

（1）看基金产品类型：对不同类型的基金产品，投资者要采取不同的赎回策略。

（2）看基金产品的套牢程度：投资者要详细计算套牢的资金成本、时间成本和机会成本。

（3）看基金产品套牢对基金组合的影响：被套基金占基金产品组合的程度不同，其赎回方法也会有所不同。

（4）看赎回后的资金投向：不同的资金需求，对赎回的要求也不同。

（5）看基金产品定位运作周期：不同基金产品的运作周期不同，投资者要避开一些限制期进行赎回。

（6）看套牢基金的基本面：基金被套有可能是大市场环境所致，也可能是其他原因，投资者要加以注意。

第六章

投资实践，体验最省心的投资工具

假如你涉入自己不懂的事物，那你永远不会成功。假如你对自己不了解的东西下注，这不是在投资，这叫赌博。

——罗杰斯

九层之台，起于垒土。任何事都是日积月累的结果，没有一上手就百发百中的投资奇人，也没有一直与成功擦肩而过的失败者。每个人的投资结果千差万别，但这不是最重要的，投资最关键的是勇于实践，多多实践，经验多了，投资信心就会逐渐建立，成功也会离得越来越近。

本章主要向投资者展示了一些进行投资实践的工具，不管是了解专业机构的操盘实情，还是直接借助投资交易软件、网上银行、基金网站、手机 App 进行指数基金的买卖操作，这些都是投资者体验投资、积累经验的有效途径。

亲身实践，了解专业机构的操盘详情

指数基金因为简单清晰、风险收益特征明显、容量空间大、流动性好、业绩可回溯可分析等特点，已成为机构投资者手中的重要投资利器。

在基金市场中，不同的机构投资者的投资目标也不同。面对种类繁多的指数基金，各大机构投资者的投资方法和投资策略各有特色，比如"国家队"、社保基金、保险机构、公募 FOF 这四类具有代表性的机构投资者。这些巨型投资机构的投资技巧，对普通投资者来说是很好的借鉴。

光环下的神秘"国家队"

"国家队"是代表国家进行基金投资的机构，一般包括这些重要的队员：中央汇金投资有限责任公司，中国证券金融股份有限公司，国家外汇管理局旗下的梧桐树投资平台有限责任公司、北京凤山投资有限责任公司、北京坤藤投资有限责任公司，五只"国家队"定制公募基金——招商丰庆、易方达瑞惠、南方消费活力、嘉实新机遇、华夏新经济。

为什么说"国家队"比较神秘，因为目前可以获得"国家队"基金情况的公开渠道只有每半年公布一次的股票前十大 ETF 基金持有人信息。正是因为可获得的信息少，"国家队"这支隐身于证券市场的投资队伍，可以说是证券市场中的神秘一员。

有数据研究发现，"国家队"在股票 ETF 的基金投资中显示出了两个明显的特征。第一，精准地做好大波段的高抛低吸。例如，在 2015 年股灾前，"国家队"就做到了这一点，它精准把握大波段，随着市场态势的变化适时加仓和分批减仓，最终大幅加仓，在价格上升到最高点时抛出，获取巨额收益。第二，为国护盘，保持定力，一动不动。例如，2015 年股灾之后，"国家队"就表现出深厚的定力，不被外界趋势所影响，有种静观其变之势。

长线配置社保基金

社保基金就是社会保障基金。做社保基金，最关键的是做好资产配置。

为管理好社保基金，社保基金日常需要对为数不多的几类资产的风险收益特征进行分析对比预判，然后再决定在什么时刻按什么样的比例来配置资产。例如，社保基金可能只需要关注股票、国债、金融债、企业债、现金五类资产。然后利用每一类资产对应的资产指数（股票资产的对应指数是全股指数，国债资产的对应指数是国债指数，以此类推）对每一类资产的风险、收益进行衡量。这样就能反映出每一类资产的平均收益与风险。

事实上，在真正的投资实践中，社保基金关注的资产可不止这五类，只是以这五类为主。不管怎么样，指数基金让社保基金分析和机会瞄准变得更加简单，还让收益的获取变得更加简单，因此指数基金也是社保基金最偏爱的基金品种。而且社保基金的资产配置更多的是以长期为主，也倾向于配置宽基指数和风格指数。

保险机构的长投与短投两不误

保险机构也是证券市场中的主角之一，而且在指数基金投资实践中，保险机构的力量也不容小觑。那么保险机构是如何投资指数基金的呢？主要有以下几点。

（1）偏向中长期资产配置的方法论，偏好宽基指数、风格指数基金。

（2）中期配置宽基指数增强型基金，以获得更好的收益。

（3）灵动的短期投资，利用宽基 ETF 基金择时博取绝对收益。

（4）以宽基 FTF 基金或场外指数基金做中期波段操作。

（5）以场外行业指数基金为工具进行行业轮动投资。

有资料显示，目前市场中相对简单的行业轮动主要有两个方向。一是可以直接引用股票择时的方法论。这就需要借助动量效应和反转效应。例如，一般前一时期涨得好的行业，后期也会继续涨，或前一时期涨太多的行业，后期增长可能会变得更平缓一些，这样投资者就可以借鉴这种模式进行行业轮动。二是可以将选股的方法论用在行业的选择上。这就需要将多因子打分股的模式用于多因子选行业上。例如，对过去行情走势良好的行业特征进行分析，然后基于这些特征寻找类似特征的行业，比较其中综合能力最强的几个行业，最后买入。

公募 FOF 基金的风险控制

公募 FOF 基金在 2017 年进入大众的视野，接着，陆续有公募 FOF 基金相继面世，在大多数公募 FOF 基金投资策略中，指数基金占据首要地位，大部分公募 FOF 基金实行以风险为主线的投资策略。在实际操作环节中，基金经理会根据细分资产类别的指数的风险与收益参数作为风险测算的基础，进而倒推出每类资产的配置比例。这其中运作环节相对复杂，投资者无须了解，只需知道这种公募 FOF 基金是将各类细分资产的风险与收益特征指数化，进而控制基金总体的风险。

在具体的每类资产产品中，投资者是选择主动基金还是指数基金，可以依据这些要素进行判断：对公募 FOF 基金经理理念的了解、对市场风格的预判、能否从市场中挑选出擅长某种风格且风格稳定的主动基金经理等。

安装基金交易软件，实现买卖交易

在投资交易软件中进行指数基金的交易是非常便捷的，投资者既可以在投资交易软件里了解基金市场的行情，选择变现良好的指数基金，也可以开立基金交易账户进行指数基金的买卖操作。

这里我们以经常使用的同花顺投资交易软件为例，对利用投资交易软件进行指数基金交易进行介绍。

下载安装登录同花顺交易软件

（1）同花顺软件的下载安装。同花顺交易软件的下载安装过程是很简单的，在同花顺官网进入"下载中心"，找到"同花顺免费版"，点击"立即下载"即可，如图 6-1 所示。

图 6-1　同花顺交易软件下载页面

（2）同花顺交易软件的注册登录。按安装步骤完成安装操作之后，就可以进行同花顺软件的注册登录了。按照注册提示完成信息填写之后，进行账号注册，最后绑定手机或邮箱，同花顺软件的账号注册就算是完成了，这时就可以登录账号了，如图6-2所示。

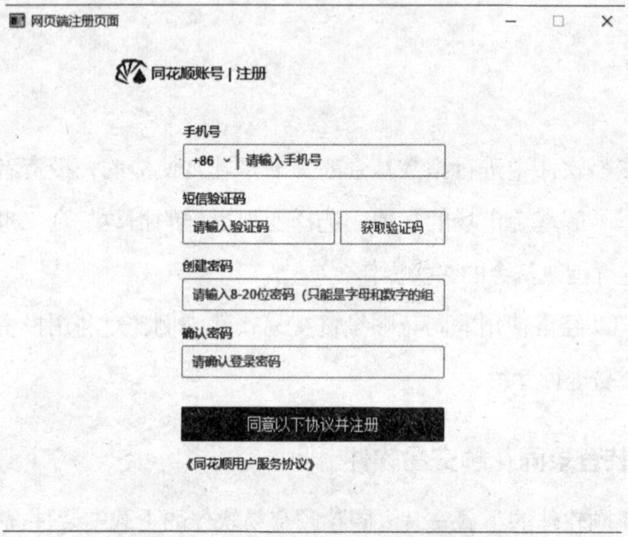

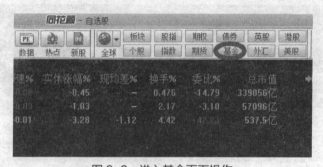

图6-2　同花顺交易软件的注册登录页面

同花顺交易软件基本操作

登录同花顺交易软件，进入软件页面首页，在页面上端找到"基金"，单击就可以进入基金页面，如图6-3所示。

图6-3　进入基金页面操作

在基金首页，点击"分类排行"，就可以进入基金的分类排行页面，如图6-4所示。

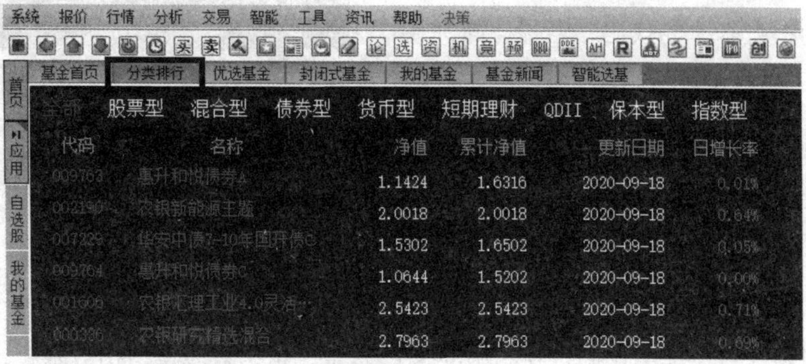

图6-4 基金分类排行页面

在基金的分类排行页面，可以找到指数基金及其排名。点击"指数型"就可以看到指数基金的收益排行，如图6-5所示。投资者也可以根据这些基本信息在该页面挑选指数基金。

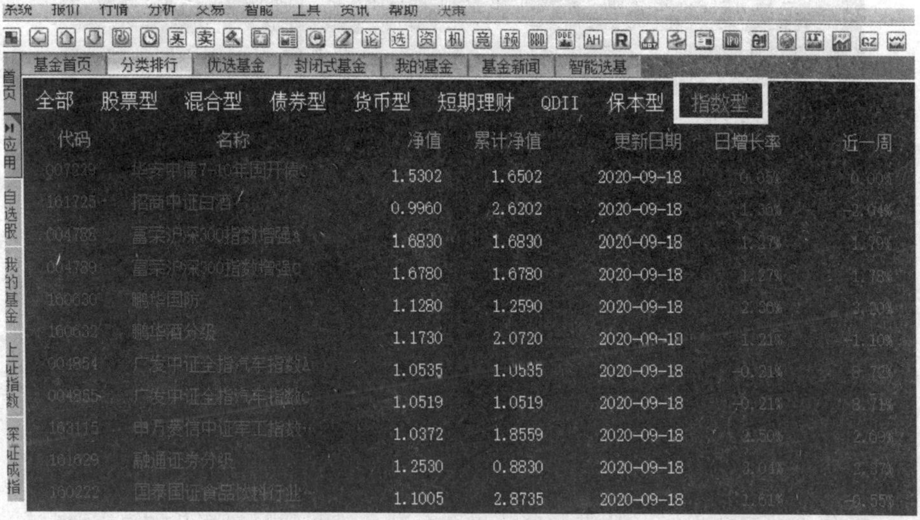

图6-5 指数型基金页面

这样直接在指数基金排行页面挑选指数基金是一种方法，投资者也可以直接在页面右下角的搜索框中输入自己要查找的指数基金的代码、名称、简拼或关键字，这样就能快速找到自己所要查找的指数基金，如图 6-6 所示。

图 6-6　快速搜索框页面

当投资者找到自己认定的指数基金，单击基金名称，就可以进入相应基金的详情页面。在指数基金的详情页面，就能看到该基金相关的众多信息，可以对该指数基金有一个更全面的认识。

例如，图 6-7 中我们看到的精准医 C 基金，是一只股票型指数基金，中风险，属医疗器械行业，评级为三星。在该页面，关于该指数基金的档案信息等都有详细的介绍。

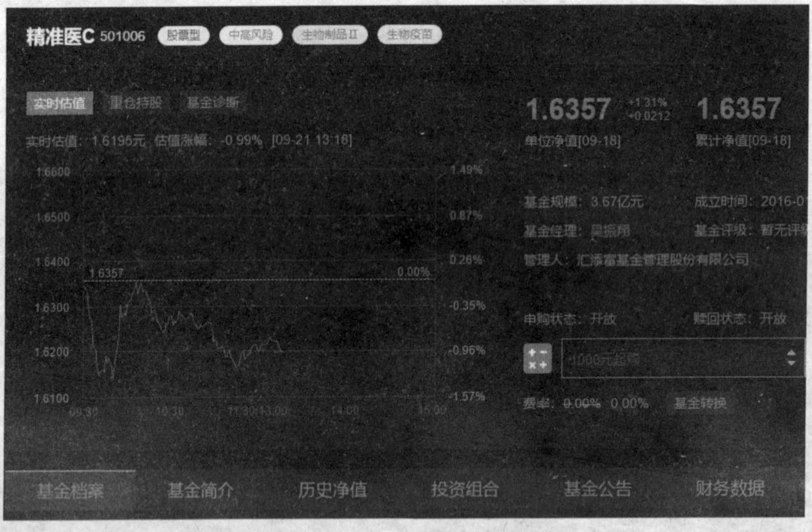

图 6-7　精准医 C 基金档案信息

继续下拉，还可以在基金的详情页面看到基金的涨幅与资产配置、基金经理介绍与基金公司介绍，以及基金要闻与基金公告，如图 6-8 所示。

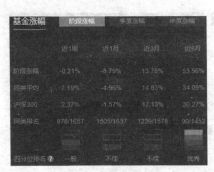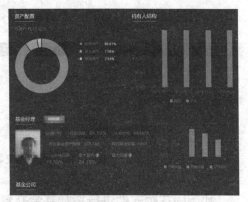

图 6-8　精准医 C 基金其他档案信息

　　投资者在选基金时，一定要多一些耐心，对于自己挑选出的每一只基金，都要进行详细的了解。

在同花顺交易软件开立基金交易账户

　　当投资者在同花顺交易软件上选择好自己所要购买的基金之后，就可以进行基金交易账户的开立。

　　这时，投资者可以单击"立即购买""×秒开户"，跳转到开户对话框。投资者也可以在页面左上角的功能栏中找到"委托开户"，选择"基金申购"，同样可以跳转到基金交易开户页面。如图 6-9 所示。

图 6-9　同花顺交易软件开户操作

　　图 6-10 所示为基金交易账户开户对话框，在该对话框中选择"×秒开户"，进入开户信息填写对话框，逐步完成"用户信息"填写、"银行绑定"，这样就

可以在同花顺交易软件成功开通基金交易账户。

图 6-10　同花顺交易软件开户页面

利用同花顺软件进行指数基金交易

基金交易账户注册完成之后，投资者就可以在同花顺交易软件进行指数基金的申购与定投。

1. 指数基金的申购

单击所要购买指数基金对应的"购买"或"立即购买"，就可以进入基金申购对话框，如图 6-11 所示。在基金申购对话框中输入申购金额。如果投资者在开立基金交易账户时没有进行风险评级，那么要先完成这里的"基金用户评级问卷"，然后单击"下一步"，进入"付款"操作界面，如图 6-12 所示。确认并付款之后，进入"等待确认"环节进行再次确认。这三步完成之后，指数基金的购买工作也就完成了。

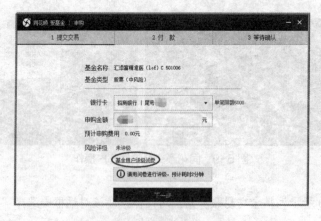

图 6-11　基金申购对话框

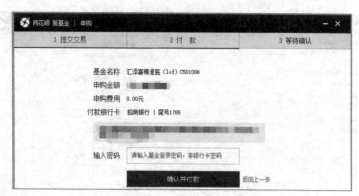

图6-12　申购付款页面

2. 指数基金定投

投资者想进行指数基金定投时，可以点击"定投"，登录基金交易账户，进入定投对话框。

在基金定投对话框，投资者需要设计自己的定投方案，如图6-13所示。

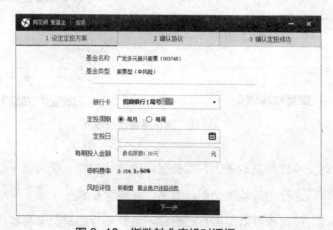

图6-13　指数基金定投对话框

这里的定投方案设定主要指设定自己的定投是月定投还是周定投。如图6-14所示为月定投与周定投的设定，月定投我们可以选择靠近月底的时间，周定投我们可以选择靠近周末的时间。

图 6-14　基金定投方案设定

定投方案设定完成之后，还需要对定投协议进行确认，输入基金交易账户登录密码，单击"下一步"，对设定的定投方案单击"确认"就算完成了"确认定投成功"，如图 6-15 所示。这样投资者的定投操作就算是完成了。

图 6-15　确认基金定投方案

同花顺交易软件功能强大，投资者凭借该款软件，既可以了解指数基金的行情，又可以进行指数基金交易。当然，其他交易软件也是非常便捷的指数基金购买工具，投资者可以根据自己的偏好选择相应的投资交易软件，例如大智慧 365、天天基金等，都可以作为指数基金投资的便捷工具。

登录网上银行，进行基金买卖相关活动

利用网上银行同样可以购买基金。网上银行的金融服务也是非常丰富和全面的，它一般会有直销基金和代销基金。投资者可以在自己银行账户的开户行官网开通网银，然后进入相应的金融服务或投资理财板块，挑选合适的指数基金进行投资购买。

这里以浦发银行为例，介绍通过银行官网购买指数基金的一些基本操作。

网上银行登录

我们在浦发银行首页找到"个人客户登录"，单击可以进入登录页面。进入登录页面之后就可以按照相应的提示输入信息进行登录，如图 6-16 所示。

基金查询挑选

登录完成之后，进入"个人金融"，在"投资理财"栏目下找到"基金"，点击进入"基金产品查询"界面选择基金产品，如图 6-17 所示。

图 6-16 网上银行登录

图 6-17 基金产品查询

在"基金产品查询"界面，投资者可以根据自己的需要查找已经看好的指数基金，也可以在这里挑选收益和其他方面表现良好的指数基金。找到自己满意的基金之后，投资者就可以进入该基金的详情页面。在详情页面，会有该基金的各类公开信息。例如，在"富国中证智能汽车指数证券投资基金"的详情页面，可以看到该指数基金较为完整的信息，包括基金概况、资产配置、历史净值等，如图6-18所示。

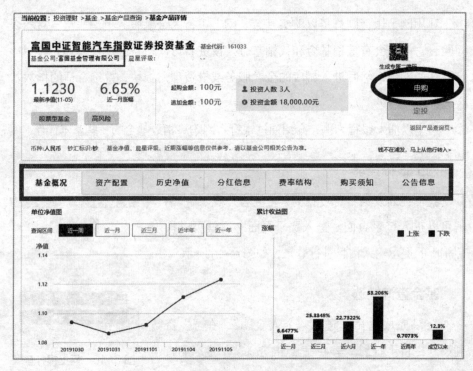

图6-18 基金产品详情页面

开立基金交易账户，购买指数基金

如果投资者需要购买该基金，就可以点击"申购"（如果投资者需要"定投"，就可以点击"定投"）。一般情况下，初次在银行网站上购买基金，都会进行风险评估，投资者可以根据提示完成风险评估。

　　风险评估完成之后，按提示进行基金账户的开户，在"基金交易账户开户"页面填写相关的信息。信息确认提交之后，投资者还需要给自己设置交易密码，这些步骤完成之后，才算是开通了在浦发银行官网做基金投资的基金账户。

　　账户开立完成之后，返回到要购买基金的详情页面，这时再次点击"申购"，进入基金申购页面，填写购买金额，可选填"推荐人工号"，最后输入交易密码，就算是完成了一次基金申购。如图6-19所示。

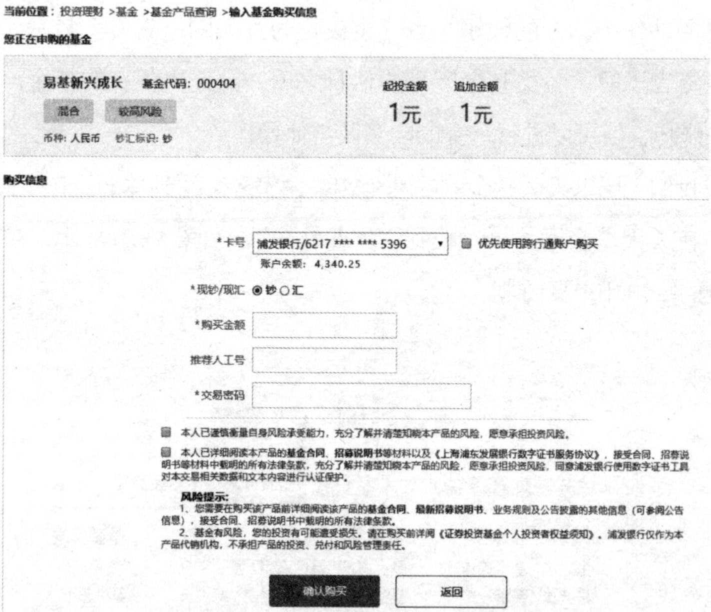

图6-19　基金申购信息填写

　　以上就是在网上银行进行基金购买的实例，投资者可以自行选择自己的开户银行进行基金交易账户开立，然后在银行网站购买指数基金。通过网上银行购买指数基金的操作非常简单，对于没有基金交易账户的投资者来说，在这里开立基金交易账号非常方便。除此之外，投资者还可以在银行的线下营业网点购买指数基金，银行线下营业网点的工作人员通常会向投资者推荐一些比较可靠的理财产品，而且还会对购买工作进行指导。

借助基金网站，实现投资操作

基金网站作为基金的代销平台，也被称为互联网第三方交易平台。在基金网站，投资者了解了各类基金产品的信息之后，筛选出优良的基金产品，开通基金交易账户，就可以进行基金的购买及其他操作。

这里我们主要以天天基金网的基金购买为例来介绍具体的操作步骤。

（1）在天天基金网首页，找到"免费开户"，如图 6-20 所示，单击进入天天基金网的账户开户页面。

图 6-20　免费开户页面

（2）在信息填写页面，投资者可以按照页面提示完成"填写个人信息"、交易密码设置，然后可根据自身需要阅读相关协议，最后单击"我已阅读并同意以下协议，下一步"继续完成个人信息填写，如图 6-21 所示。

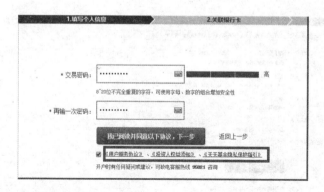

图 6-21　开户信息填写

（3）进入"关联银行卡"操作。投资者可以选择自己的开户银行卡，如图 6-22 所示，然后单击"下一步"，录入银行卡的相关信息。再根据需要阅读《银行转账授权协议》，然后单击"开始安全验证"，根据提示完成安全验证，如图 6-23 所示。

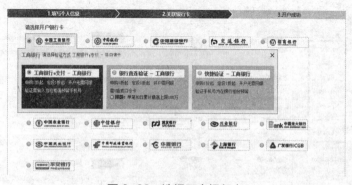

图 6-22　选择开户银行卡

图 6-23　关联银行卡安全验证

（4）进入风险承受能力评测环节。完成风险评测之后，就会有与投资者相对应的风险评测结果，这样投资者就可以了解自己的风险承受能力，而且可以依据自身的风险承受能力进行后续的基金交易。

（5）进入账户进行指数基金交易。投资者在天天基金网购买指数基金时，直接进入自己的账户，选择"买基金"，或者已有买入的基金，需要其他操作时，可以选择相应的操作，如图 6-24 所示。

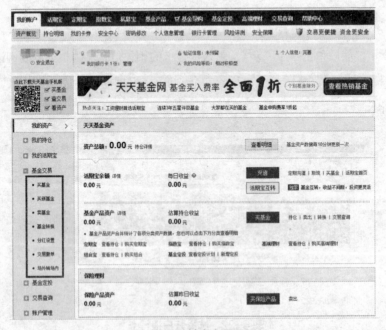

图 6-24　基金交易页面

　　购买指数基金是比较简单的，投资者只需要在各个交易平台开通自己的基金交易账户即可。选择出各方面表现优秀的指数基金之后，投资者就可以在这些平台上进行指数基金的购买和其他操作。

　　除了可以在基金网站进行指数基金的交易外，投资者还可以在基金公司的网站直接进行指数基金交易。投资者进入基金公司网站，开通基金交易账户，其交易过程与在基金网站进行交易类似，这里不再赘述。

App 辅助，基金市场行情亦可手到擒来

移动端种类丰富的投资交易软件同样可以成为投资者做指数基金交易的重要工具。例如移动端的同花顺爱基金、天天基金、现金宝—汇添富基金、博时基金、利得基金、掌上基金等，都是指数基金投资交易可以使用的工具。除此之外，投资者还可以利用手机端的支付宝、微信等理财板块购买指数基金。

这里我们以天天基金 App 为例，来介绍手机端基金交易软件的操作。

手机端交易软件的安装登录

手机端天天基金 App 的下载可以在软件商店中搜索查找，下载安装即可，如图 6-25 所示。

图 6-25　天天基金 App

安装完毕之后，就可以在手机端进行账号注册登录了。具体的账号注册登录过程如下。

（1）进入天天基金 App，阅读《用户隐私政策概要》，然后点击"同意"，即可进入天天基金 App 首页。在天天基金 App "我的"页面，点击"登录 / 开户"，进入登录页面。如图 6-26 所示。

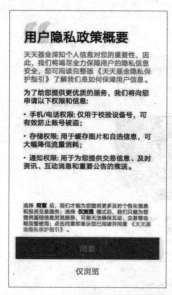

图 6-26 基金账户登录 / 开户操作

（2）在登录页面，如果已经有天天基金平台的账户，直接登录即可；如果没有天天基金平台的账户，则需要按步骤进行账户开立。我们已经在天天基金网开通过基金账号，这里就直接登录。登录后，完成绘制手势密码和上传身份证的操作，如图 6-27 所示。

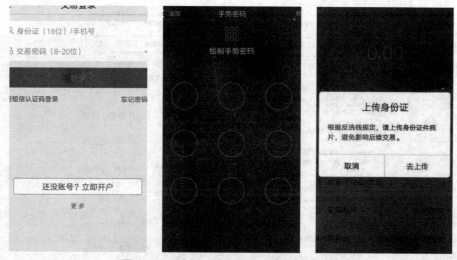

图 6-27 绘制手势密码和上传身份证操作

手机端交易软件的操作使用

1. 选择指数基金

在天天基金 App 首页，我们可以通过"基金优选"和"指数宝"来查找我们所需要的指数基金，如图 6-28 所示。

图 6-28　指数基金查找页面

例如，通过"基金优选"查找指数基金。点击"基金优选"，进入基金页面，点击"排行"，进入基金收益排行页面，如图 6-29 所示。

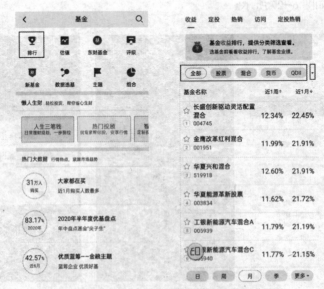

图 6-29　进入基金收益排行页面操作

在基金收益排行页面，我们可以直接查找指数基金，也可以在下拉框中选择"指数"，然后进入指数基金排行页面。在该页面，我们就可以设置相应的时间长度来观察指数基金的业绩表现，进而选择出业绩表现更优秀的指数基金。如图6-30所示。

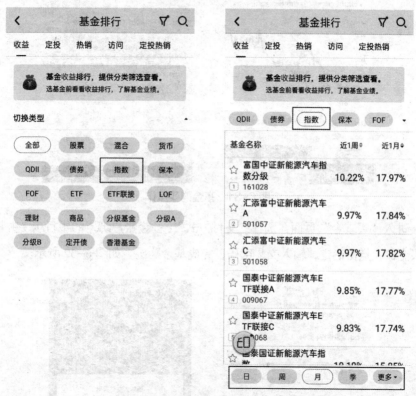

图6-30 进入指数基金排行页面操作

2. 购买指数基金

例如，我们选择"富国中证新能源汽车指数分级"基金，可以看到，在该基金的详情页面，对该基金的行情、持仓、概况、讨论、资讯、公告都有展示，我们可以对其进行查看。当我们需要购买该只基金时，我们点击"购买"，进入"选择税收居民身份"页面，选择自己的税收居民身份，再点击"同意协议并提交"，如图6-31所示。

图 6-31　基金购买操作

进入"买基金"页面，选择"支付方式"（基金账户绑定的银行卡）并填写购买金额，点击确定，输入交易密码，完成基金购买，如图 6-32 所示。

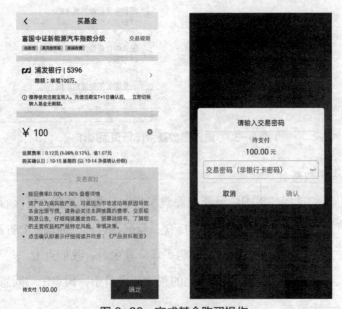

图 6-32　完成基金购买操作

3. 进行指数基金定投

例如，我们进行"易方达沪深300医药联接A"指数基金的定投，在基金详情页面点击"定投"，出现"普通定投"和"智能定投"选项，如图6-33所示。

图6-33 基金定投操作

这里我们选择"智能定投"。在"智能定投"页面，选择付款方式（基金账户绑定的银行卡），输入每次定投金额，然后选择扣款日（我们选择每月25日为扣款日），然后点击"同意协议并创建定投计划"，进入支付页面，输入支付密码完成本次指数基金定投，如图6-34所示。

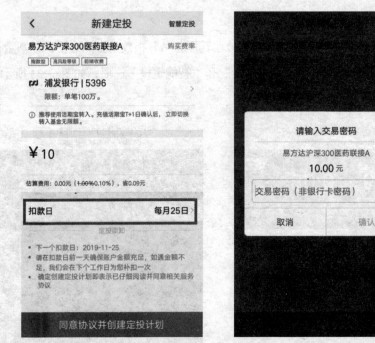

图 6-34　基金定投操作

以上是用天天基金 App 购买和定投指数基金的操作。天天基金 App 功能齐全，投资者可以利用这些功能选择出自己满意的指数基金进行购买。移动端基金交易软件的出现，极大地方便了投资者的指数基金交易需求，投资者可以随时随地进行指数基金的交易。

总体来说，指数基金的购买渠道非常多，不同需求的投资者，可以选择更便于自己操作的渠道进行指数基金投资。

💰 **投资短报**

民间高手的基金投资秘籍

在投资界，有一些可以说是草根出身的投资者，他们大多都是投资专业的门外汉，却成了蛰伏在民间的投资高手。这些民间投资高手都是经过不断地投资实践和学习之后，才逐渐成为投资界的明星，而且这些民间投资高手还经常活跃在微信公众号、微博、今日头条、搜狐、知乎、雪球、天天基金、蚂蚁财富等平台，依据自己的投资经验向粉丝传授投资理财知识与技能。这些民间投资高手中的杰出代表主要有 E 大、郑志勇、银行螺丝钉、刘鹏程、老罗……他们在给粉丝传授投资知识的过程中，还特别热切地推荐指数基金。那么，这些民间高手是如何利用基金成就投资收益的呢？

1. 封基老师的投资养成记

"封基老师"是粉丝对投资者"持有封基"的另一种称呼，封基老师退休之前是一位集团管理者，退休之后，封基老师和他的 16 万粉丝开始了投资经验的交流与互动。封基老师经常参加各类投资培训，在他的投资经历中，量化投资是主流，他主要投资的是封闭式基金，而且在投资的时候，封基老师会按照折价率、分红比例、到期收益率、净值的涨幅和市场的涨幅等对每只封闭式基金做出数据量化评价，这种数据量化评价能够对每只基金进行一个特别严谨的评价，使得封基老师的投资取得了很好的效果。

封基老师更愿意相信数据，而不是投资专家，他经常用数据来对各位投资大师的话进行检验，逐渐摸索出了一种适合自己的量化投资思想。正是这样的投资思想，让封基老师在自己的各类投资过程中取得了不错的收益。

2. 投顾专家郑志勇

郑志勇先生本就有基金从业经验，可以说是基金行业里的"老人"。因为本身有着"专业"标签，郑志勇更习惯从行业角度来看待各种投资现象，他对服务投资者、帮助投资者实现投资目标非常关注，这在国内是比较少见的。此外，郑志勇还有另外一个角色——"绿巨人组合"管理人。他通过自己的实践发现，构造组合让粉丝跟随是一种很好的服务模式，而在为粉丝服务的过程中，自己就是一个投顾的角色。在这种模式的带动下，很多民间高手自己构造投资组合，跟随高手进行投资成为一种非常常见的现象。郑志勇也认为，这种构建投资群体组合的模式更能从投资者的角度出发进行投资决策。

在郑志勇看来，民间投资高手差不多就是充当着投资顾问的角色，而要做好粉丝的投资顾问，就必须有一套可以帮助粉丝做好投资的理念。

3. 专注于熊市指数基金定投的"银行螺丝钉"

"银行螺丝钉"人如其名，是一位指数基金投资高手。他在接触指数基金之后，便与指数基金结下了不解之缘。"银行螺丝钉"自认定指数基金之后，便辞去银行的工作，从基础知识开始学习指数基金投资，他利用半年的时间阅读了近30本投资类书籍，建立起专业知识基础之后，进军实战，然后一边学习一边实践，陆续在雪球等平台上发表自己的投资文章，成功吸引了20多万粉丝。通过撰写指数基金投资文章，"银行螺丝钉"受到了各界的关注，在日常生活中，他仍然是一个指数基金投资者，经常通过网络与粉丝分享自己的投资心得。几年间，"银行螺丝钉"累计发布了几百万字的投资指导，而且他主要倡导在熊市中利用指数基金做定投。

很多跟随"银行螺丝钉"的投资者在指数基金定投方面取得了不错的成绩，那些坚持定投两年的粉丝，几乎都是盈利的。

对于熊市定投策略，"银行螺丝钉"给出的意见是不要追涨杀跌："人性是趋利避害的，看到上涨，习惯买入追涨；看到下跌，习惯卖出止损。于是结果就是，便宜的时候买的少，贵的时候买的多，收益自然不会好。""如果投资者在市场相对便宜的时候买入，长期持有，最后是可以获得不错的收益的。""股票基金，特别是指数基金，适合在熊市低估的时候投资，而不是牛市高估之后投资。"

以上就是部分民间投资高手的基金投资秘籍，他们的投资策略能让普通投资者的投资思路豁然开朗，投资者可以在自己的投资实操中多多借鉴这些民间高手的投资秘籍。

高手进阶篇

第七章

精通指数基金定投，做投资高手

善治财者，养其所自来，而收其所有余，故用之不竭，而上下交足也。

——司马光

投资不是简单地将钱抛出去就能获得收益的事，投资中的门道多种多样，各位投资者的投资结果也大相径庭。有时候掌握一种投资方法，就可以稳吃稳赚。这种结果虽然不错，但是要熟练掌握这么一种投资方法，必要的实践过程是少不了的。

本章专门针对指数基金定投策略进行全面的讲解。定投就是定期定额投资的意思，定投一直被认为是一种有效的理财方式。在这种有效的理财方式的基础上，再掌握一定的定投策略，一定会将这种理财方式的作用发挥到极致。做指数基金定投，要先制订定投计划，然后依据计划进行操作，掌握止盈手法，就可以玩转定投这种理财方式了。

认识基金定投，读懂微笑曲线做投资

关于基金定投，我们自然而然地想到了华尔街流传久远的一句话："要在市场中准确地踩点入市，比在空中接住一把飞刀更难。"为了克服这种时点选择的限制，投资者发明了定投，就是每隔一定的时间（一周、一个月）分批买入，这样就克服了单一时间的限制，让投资时机的选择变得更多，也让投资的成本平均化。

基金定投亏损解决方案

指数基金定投虽然是一种适合普通投资者的投资方式，但是很多投资者还是会表现出一些不理智的投资行为。做指数基金定投要注意以下几点。

（1）别因为资金紧张让定投中途而废。很多投资者在最初开立定投账户时，对自己的定投计划非常有信心，但是对于定投期限的坚持却不一而足，有数据显示：有20%的人能坚持1年，有10%的人能坚持3年，有5%的人能坚持5年，有1%的人能坚持10年。这样的话，剩下的64%的投资者就是连1年的定投也没有坚持下来，在这样短的定投期限内，他们很难实现满意的投资回报。

（2）承受一点初期亏损也无妨。定投的风险是比较低，但是这个风险是针对长期来说的，就短期而言，投资者还是会碰到很多损失发生的霉运。投资者要学会用微笑曲线来理解定投风险。在定投初期，是会有一段的曲线下滑时间，但是到了后期，就是获利的上涨期。如图7-1所示。

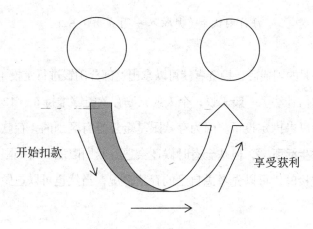

图 7-1　基金投资微笑曲线

（3）别光顾着抢热点。基市中的热点接连不断，房地产、军工、电子科技……各种热点板块接连不断地冒出来。投资者要做定投的话，一开始就要选中自己的热点，老老实实地照顾好自己的定投树苗。

（4）该止盈的时候就要迅速止盈。定投收益在达到一定的高度之后，投资者就要对止盈这件事上心了，不要做贪吃蛇，见好就收，不要错过最好的退出时机。

每次定投多少才合适

投资者的自有资本多少不同，定投金额也有差异。一般情况下，我们需要根据自己的收入支出以及投资目标来配置每次的定投资金。具体的方法如下。

（1）长期投资目标确定法。该方法讲的是投资者要先确定自己在未来想赚多少钱。例如，想要在 5 年后积攒 10 万元换一部新车，假如是每月定投一次，5年是 60 个月，那么投资者需要每月定投 1409 元，并且将这种投资模式一直持续到 5 年之后，到时候投资者才可以拿到约 10.1 万元。

（2）每月的闲钱计算法。投资是在保证基本生活的基础上进行的，只有可以腾出闲钱时，投资者才可以做投资。那么怎样确定自己每月的闲钱呢？我们可以利用下面的公式来计算。

$$每月闲钱＝（月收入－月支出）÷2$$

计算出每月的闲钱后，投资者就可以拿出这部分闲钱进行定投了。

（3）存款估计法。一般来说，个人或家庭存款能够维持6～12个月的生活支出时，就可以考虑定投了。因为存款跟基金还是有区别的，存款可以随时取用，支撑家庭生活所需，但基金有时候还会遇到赎回限制和时间限制。所以投资者在计划定投时，可以先考虑自己的存款情况，当然也可以边做定投边进行资金储蓄。

辨认微笑曲线做定投

微笑曲线是神秘的，在微笑曲线形成的过程中，依次会出现：开始→亏损→收益→赎回获利。如图7-2所示，是对上证指数10多年中出现的微笑曲线进行的展示。

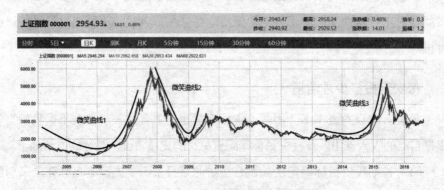

图7-2　上证指数的微笑曲线展示

投资者要想在定投中取得理想的收益，就需要抓住微笑曲线的变化规律，在微笑曲线的"开始"处开启定投，在微笑曲线的"赎回获利"处结束定投。为了完成顺应微笑曲线的定投，投资者可以借助以下两点操作技巧。

（1）定投需要保持良好的心态，不骄不躁。定投基金最好选择高弹性、高成长性的指数基金。这样的指数基金虽然看似在股市中的波动率很高、冒险性很强，但是正是这些波动和起伏，才能将微笑曲线绘制出来，投资者才可以在市场上扬的嘴角处获得可观的收益。

（2）定投需要的是坚持不懈的耐心和决心。基金定投最终会以成本平均化来将牛市和熊市的交替风险降低。股市的周期一般为3～5年，所以定投的期限也最好坚持3～5年，这样才能看出成效。要让"微笑的嘴角翘起"，投资者坚持到底的耐心和决心是必不可少的。

指数基金定投，品种组合至关重要

正所谓"秧好一半谷，题好一半文"，做指数基金定投，品种选择也有门道可循。选择一只好的指数基金做定投，不仅未来投资收益有保证，而且可能会以更低的成本获取比其他品种更高的收益。目前各种各样的基金品种充斥在基市中，该如何选择一只高收益的指数基金呢？

高弹性的指数基金未来收益更高

高弹性的指数基金，即波动幅度较大的指数基金。众多的数据研究显示，高弹性的指数基金收益更高。

下面我们通过表 7-1 中的数据来对高弹性指数基金的收益率更高进行说明。

表 7-1　创业板指数与沪深 300 指数相关定投数据

指数基金	波动率（％）	定投累计收益率（％）	平均收益率（％）
创业板指数	31	185	23
沪深 300 指数	23	63	10

这是创业板指数与沪深 300 指数从 2010 年 6 月 1 日到 2015 年 6 月 30 日定投的相关数据，从中可以看出，创业板指数的波动率比沪深 300 指数的波动率要高 8%，定投的累计收益率和最终的平均收益率都是创业板超越了沪深 300 指数。所以投资者做定投时，要尽量挑选高弹性的指数基金。

当然，高弹性的指数基金不一定都是会有高收益的。例如，指数基金的弹性很高，但是如果指数基金的收益率一直走下坡路，那么这样的指数基金未来就没有可靠的高收益了。所以依据指数基金的弹性可以挑选出一些可靠的指数基金品种，但是这种方法不是绝对的，还需要视情况来选基金品种。

高成长性的指数基金更适合做定投

在定投指数基金时，还有一个方法可以遵循，那就是选择高成长性的指数基金，这是因为在反弹行情或者牛市里面，成长性好的指数基金收益会更高。

那么，怎样确定高成长性的指数基金呢？一般认为市值小的公司更具有高成长的潜力。下面我们通过表7-2中的数据来说明这种情况。

表7-2　创业板指数与沪深300指数相关定投数据

指数基金	2010年6月1日平均个股的市值（亿元）	2015年6月30日平均个股的市值（亿元）	定投累计收益率（%）	平均收益率（%）
创业板指数	43	209	185	23
沪深300指数	570	1189	63	10

从表7-2中的数据可以看出，创业板指数对应的公司规模更小，但最终的收益率更高。这是因为创业板指数对应的公司主要是那些无法在主板上市的中小型和新型公司，而且大多都是科技公司，这些公司普遍表现为市值较小，但是有了融资之后，其潜在成长空间是非常大的。而沪深300指数则正好相反，其对应的公司是沪深两市市值前300名的公司，这些公司已经发展到了成熟的地步，其成长性远没有新成立的创业板科技型公司强。

可以看出，选择高成长性指数基金做定投与它们的两大优势是分不开的。高成长性指数基金的两大优势是：第一，处于成长期的公司一般处于上市初期，市值较小，此时如果扩大融资规模，经过新资金的作用，公司的规模会不断扩大；第二，市值较小的公司在牛市中更容易获得成长，资金的注入对其来说是非常好的成长机会，所以其涨幅会更大。综合这两点，投资者就可以依据成长性选择出收益更具有增长空间的指数基金。

高弹性结合高成长性让定投更划算

除了分别按照高弹性和高成长性挑选指数基金之外，还可以将高弹性和高成长性结合起来，挑选出更具特色的指数基金。也就是说，波动率越大、市值越小的指数基金，在牛市卖出时收益越高。这是因为波动率越高，指数的价格变化就越剧烈，整体对成本的摊低就越明显；市值越小，那么未来的发展空间就越大，也就是成长能力越强。所以投资者在做定投时，还可以试着从高弹性和高成长性的指数基金下手，这类指数基金的未来收益会更有惊喜。

组合定投小技巧：由于我国的 A 股市场经常会出现结构性牛市，在这种市场情况下，只有弹性低、成长性低的蓝筹大盘指数才会上涨。为了避免这种结构性牛市带来的不平衡增长，投资者定投时可以进行组合定投，即除了投资创业板指数之外，还可以对沪深 300 指数、中证 500 指数等进行一定份额的定投。

构建低相关性的投资组合

要让定投的风险更小，就要选择低相关性的投资产品进行组合投资。根据马科维茨的现代投资组合理论，将相关系数[1] 更低的产品放在一起进行组合投资，会将投资的风险化解得更小，实质上就是"不要把鸡蛋放在同一个篮子里面"。这样，我们做定投时，就需要对投资产品进行定投组合。

这里，我们看一个例子，也就是 2010 年 5 月 31 日至 2018 年 1 月 26 日的沪深 300 指数、中证 500 指数、创业板指数之间的相关系数。见表 7-3。

---

[1] 相关系数的取值为 0～1。相关系数越高，代表两个指数走势越接近。如果相关系数为 1，则表示两个指数走势完全一样；如果相关系数为 0，则表示两个指数走势完全不相关。

相关系数为 0.8～1，极强相关；0.6～0.8，强相关；0.4～0.6，中等程度相关；0.2～0.4，弱相关；0～0.2，极弱相关或无相关。

表 7-3　沪深 300 指数、中证 500 指数、创业板指数的相关系数

	沪深 300 指数	中证 500 指数	创业板指数
沪深 300 指数	1		
中证 500 指数	0.85	1	
创业板指数	0.67	0.88	1

从表中可以看出，创业板指数与沪深 300 指数之间的相关性更弱，那么在投资时，可以将这个层面的指数进行组合。在进行组合投资时，整体收益率均比表现最差的指数更优异，这就是组合投资对风险分散的效果。而且进行组合投资时，投资者最好从市场整体的角度出发进行考虑，使成分股更加多元化，这样分散风险的能力会更强。

确定定投频率，制订投资计划

指数基金的定投频率有周定投，也有月定投，因为定投频率的不同，投资者可能会对最终的收益率有疑问。事实上，投资者不必过于纠结定投频率，因为定投操作到底多久一次并没有严格的要求。投资者只需要明白定投就是为了分批买入来摊低投资的总成本，分散投资的高风险，从而将市场中的平均收益归于自己手下。解决了定投频率问题之后，投资者就可以根据自己的资产状况来做定投计划了。

周定投与月定投的比较

周定投与月定投的比较，也就是对周定投与月定投的收益进行比较。这里我们以中证 500 指数的定投数据作为分析依据，数据选取时间为 2007 年 1 月 1 日到 2017 年 12 月 31 日。在此期间，中证 500 指数从 2000 点上升到了 6000 点左右，而且中间还经历了两次明显的牛熊市交替，市场走势是震荡不断。图 7-3 所示为这段时间内市场展现出的微笑曲线。

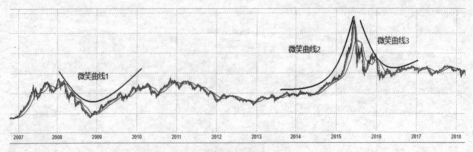

图 7-3　中证 500 指数的微笑曲线

下表 7-4 中的数据是中证 500 指数周定投与月定投的参数设置。

表 7-4　中证 500 指数周定投与月定投的参数设置

定投方式	定投金额	每月扣款	扣款时间
周定投	500 元	4 次	每周星期一
月定投	2000 元	1 次	每月 25 日

为了排除时间长短不一致给定投造成的影响，我们分别计算投资期限为 1 年、2 年、3 年、5 年、7 年和 11 年的定投总收益，计算结果见表 7-5。

表 7-5　中证 500 指数不同投资期限的投资收益

定投期限（年）	周定投收益率（%）	月定投收益率（%）	收益差值（%）
1	40.36	31.26	9.1
2	−35.92	−36.63	0.71
3	38.57	36.34	2.23
5	−7.06	−7.89	0.83
7	7.23	6.49	0.74
11	51.47	49.03	2.44

从计算结果来看，周定投的投资收益要高于月定投的收益，特别是投资期限为 1 年时，周定投的收益明显高于月定投的收益。这主要是因为周定投的频率更高，风险分散得更彻底，投资者能抓住瞬息的下降行情，用相同的资金买到更多的基金份额。

总体来说，周定投的收益率要高于月定投的收益率。因此，在资金条件允许的情况下，投资者进行周定投会有更高的收益率。当然，这个结果只是我们从理论上得出的，具体进行定投操作时，还需要根据自己的实际情况选择周定投和月定投。

周定投与月定投的扣款日选择

周定投与月定投的扣款日选择也是投资者存在疑问的地方，那么扣款日如何选呢？

1. 周定投的扣款日选择

周一至周五，选择哪天作为扣款日，就要看哪天市场是下跌的。有研究者统计了 10 年内中证 500 指数的下跌情况（见图 7-4），来观察周一到周五的交易日中，到底哪天的下跌幅度最大，就确定哪天为扣款日。

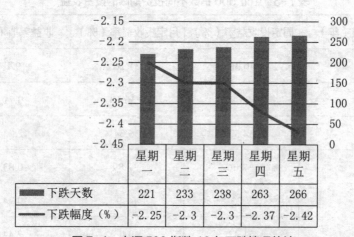

	星期一	星期二	星期三	星期四	星期五
下跌天数	221	233	238	263	266
下跌幅度（%）	-2.25	-2.3	-2.3	-2.37	-2.42

图 7-4　中证 500 指数 10 年下跌情况统计

从图中可以看到，下跌幅度最大的是周四和周五。在一般情况下，刚刚开市的周一和周二，投资者的情绪大都是乐观的，故上涨的可能性会更大。但是到了周四和周五，临近休市的日期，投资者大都想尽快抛出股票换回现金，这时供大于求，价格会有较大幅度的下跌。但是从长周期来看，一周当中的收益率又相差无几，故整体的收益率差别是不明显的。

2. 月定投的扣款日选择

月定投实际与周定投比较类似，只是时间被拉长为一个月。一般来讲，月初时，市场整体和投资者都偏向乐观，一些特别的日期，例如元旦、劳动节、国庆节这些月初节日还会带来"日历效应"，也就是这些节假日之后，市场一般会有一个较大的上涨幅度，故月初不是一个较好的扣款时机。临近月末，市场会变得相对疲软一些，特别是月末如果碰到资金流紧张的问题，就会引发月末价格下跌。所以一般选择每月的 25 日为扣款日较好，这时更容易抓住月末市场价格下跌的趋势，获取更多的基金份额。

从整体上来说，周定投与月定投的收益率差别不大，但是周定投能将资金更分散地注入市场中，这样就便于在动荡的市场中抓住瞬息的下跌机会，更有可能获得较多的基金份额。

构建适宜的定投计划

掌握了指数基金的定投频率之后，就需要为定投做计划。做定投计划，主要依据自身的资产状况来做。完备的定投计划，能让我们的定投不受干扰，顺利地执行下去。

1. 梳理自己的现金流资产

"巧妇难为无米之炊"，投资没有钱就没有了动力。投资者在做定投计划前，首先要对自己的现金流资产做一个梳理，如图 7-5 所示。

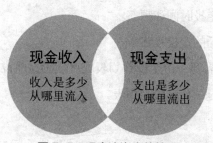

图 7-5　现金流资产的梳理

为了更清晰地了解现金的使用情况，投资者也可以使用记账 App 来管理自己的现金流。这里给投资者介绍一些记账的小窍门，如图 7-6 所示。

大账马上记，小账汇总记
- 大开销发生时就记录，小开销定时汇总记录

购物凭证要留好
- 购物凭证可以精确地记录自己的开支是多少，还可以利用购物凭证核对一些东西与其对应开支是否相符

收入也要记
- 除了要记录开支外，收入也需要记录，这样我们最后会得到一个更精确的现金数额

图 7-6　记账小窍门

持续记录几个月的账目之后，我们就会对自身的开支情况有一个更细致的了解，就可以针对不同的费用分门别类地进行优化，可以缩减的支出尽量缩减，不必要的支出还可以直接取消……这样我们的"账务管理"可以说是历历在目了。

2. 制订自己的定投计划

制订自己的定投计划，一般需要三步来完成。

（1）选择自己偏好的投资渠道，开通定投账户。

（2）确定自己的定投时间和频率。

（3）列出自己遵循的定投策略。

事实上，我们只需要一份定投计划表就可以将这些投资过程中的关键问题展示出来。表 7-6 就是一份定投计划表。

表 7-6　定投计划表

1. 现金流梳理					
家庭月收入		家庭月开支		家庭月结余	
投资比例（一般为月结余资金的50%）		实际投资金额			
2. 定投指数基金选择					
基金产品选择渠道		基金定投数目（只）		基金定投数目名称	
我的定投资金是 1000 元，可以选择 1 只基金，我选					
我的定投资金是 1000～3000 元，可以选择 2～3 只基金，我选					
3. 构建定投计划					
我的定投渠道是					
我的定投周期是					
我的定投策略是					
4. 做好定投记录					
日期	操作（买/卖）	交易品种代码	成交单价（元）	买入或卖出份额	买入或卖出时的估值(元)

　　在进行定投时，做好定投记录是至关重要的，定投记录表不光是对定投操作的记录，投资者还可以利用定投记录对自己的定投方案进行研究。

认清定投，理性做投资

指数基金定投比较适合上班族、大忙人、低风险投资者以及未来规划者。我们在做指数基金定投的过程中，可能会因为对指数基金的了解不够而做出一些不合理的投资行为。尽管指数基金的投资操作简单，但是投资过程中的关键点还是很多。做指数基金定投，就需要将指数基金定投过程中的一些问题厘清，这样才算是在理性地做投资。

定投不是指数基金的专长

基金市场中的基金产品很多，指数基金是相对来说较为优越的一种基金分类，但是要做定投的话，不一定所有的指数基金都适合做定投。我们可能会碰到这样的现象：有人认为指数基金特别好，就义无反顾地对某一只指数基金做定投，而且在投资的过程中不分好坏贵贱。

这就好比是一批名牌衣服挂在橱窗里，对于追求品牌的人来说，最先看到的是这些衣服的牌子，而对于这些衣服的质量可能还没有注意，因为长期的品牌效应会让他们觉得既然是大品牌的衣服，那质量就没有问题，但事实或许并非如此，万一疏忽，某件衣服的做工出现问题也是常有之事。

类比到指数基金，其实也是如此，所有的指数基金不都是万年常青藤。就单独一只指数基金来说，如果相比之前突然变贵了，那么这时投资这只指数基金就没有很高的价值了，因为投资者需要投入的成本太高。因此，买指数基金，要趁便宜的节点买。

在价格低于估值时做定投

对指数基金的价格与价值进行分析，就是对价值投资理念的运用。我们知道，价格围绕价值上下波动。当价格低于价值时，就是指数基金便宜时，我们就要设法买入；等到价格高于价值时，就是指数基金贵时，我们就可以设法卖出指数基金，这样就可以获得利差。

所以做指数基金定投时，就要将盈利收益率法和博格公式法利用起来。具体的操作策略如图 7-7 所示。

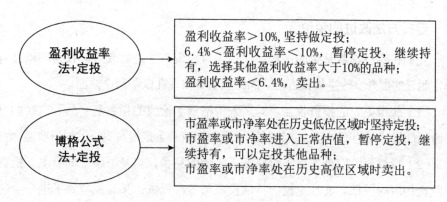

图 7-7　指数基金定投策略

总之，尽量不要坚持对一只指数基金进行过长时间的投资，一旦其价格升高，未来收益反而会下降，风险也会攀升，就不值得我们继续投资了。要对指数基金进行定投，那么就得让每一次买入基金的价格低于其价值，这样才能更好地保证未来的收益。

多少的投资收益才算合适

我们在利用价值投资理念做定投时，获取多少的利益才算是合适的呢？

假如在 2004—2015 年，对上证 50 指数和红利指数使用两种策略进行定投。

（1）无脑定投。无论指数基金便宜还是贵，每个月都进行定投。2004—2015 年，上证 50 指数的年复合收益率为 12.3%，红利指数的年复合收益率为 13.07%。

（2）改进定投策略。只在指数基金便宜时坚持定投；在指数基金贵时卖出，不再定投。2004—2015 年，上证 50 指数的年复合收益率为 29.27%，红利指数的年复合收益率为 29.9%。

可以看出，定投策略改进后，年复合收益率成倍提升，看来定投策略对投资是至关重要的。在对我国经济认识的基础上，我们一般认为，未来年收益率在 15%～20% 是理想的收益范围。而且实践经验也证明，自 2012 年以来，是定投低估指数基金的黄金时期，几乎每年都有值得投资的被低估指数基金，选择被低估指数做投资更有获利的空间。

定投方法改进的争论

我们在定投指数基金的过程中，如果对投资方法进行改进，收益率就会有非常明显的提升。改进投资方法后的红利主要体现在以下两个方面。

（1）获得更好的投资收益。对买入价格低于价值的指数基金品种，我们可以赚取低估回归的额外收益，这样比普通的指数基金定投有更高的投资收益。

（2）投资风险变低。对于价格低于价值的品种，自身下跌空间有限，投资风险也相应的更低。而且定投的持续投资与多次投资，又对风险做了进一步的分摊，使得指数基金的整体风险降得更低。

虽然在做指数基金定投时改动策略可以获得更好的收益，但是这种定投策略也有不足之处，例如，限定了在基金被低估时进行买入操作，这样的话，很多未被低估的基金就不在投资的范围内，以致可能会错失一些优良的指数基金。再有，一只基金会在某一段时间被低估，我们只能在这段被低估的时间内进行投资，这样的话就需要频繁选择新的指数基金品种进行投资。选择新基金对投资者来说是一件比较麻烦的事，但是与利益权衡起来，这些麻烦是可以被忽视掉的。

玩转止盈方法，掌握正确的投资姿势

很多投资者的定投都会坚持很久，在这样漫长的等待过程中，投资者希望的就是牛市到来的那一天，自己可以出手，将积攒了几年甚至更久的基金份额卖出。但是牛市真正到来时，投资者又开始不舍，期待着一个更高的点，期待着更多的收益。这样做是很危险的，稍有不慎，牛市高点就会过去，那样投资者几年甚至几十年的等待就白白浪费掉了，所以定投也要学会止盈。

市场情绪法止盈

依据市场情绪止盈就是跟随市场情绪逆向操作，而不是跟随大流操作。具体怎么做呢？就是要观察市场情绪。若是大众疯狂卖出，那么你就买入；若是大众疯狂买入，那么你就卖出。使用市场情绪法止盈还是比较简单的，因为它比较容易观察，不需要掌握过多的金融及财务相关知识就可以进行操作。

市场情绪法虽然看似简单，适合投资新手使用，但是它很难控制，因为市场情绪过于主观和感性，不能作为判断牛熊市的有利证据。

目标收益法止盈

目标收益法止盈就是投资者事先确定一个目标收益率，在投资收益率超过目标收益率时，就立即止盈。

目标收益率法虽然操作起来简单，但如何确定目标收益率又是一个难点。我们知道，指数的收益率很不稳定，到底该确定一个什么样的目标收益率呢？

如果目标收益率过高，可能会错过最佳的止盈时机；如果目标收益率过低，那么就不会得到过高的投资回报。因此，在制订目标收益率时，很多人将"机会成本"考虑了进来。

$$最小目标收益率（机会成本）=（1+通货膨胀率+理财产品的年化收益率）^{定投年限}-1$$

利用这种计算方法就可以确定机会成本。在制订投资目标时，目标收益率一定要高于机会成本。

这种涉及计算的过程可能会比较麻烦，但是没关系，还有比这种方法更简单的目标收益率确定方法。那就是看最近几轮牛市中，投资者的指数从最低点到最高点涨了多少，然后再取一个最小涨幅来判断牛市，等牛市到来时，若涨幅达到了这个最小涨幅，那么目标收益率就是这时的收益率，也就是此时可以准备止盈了。

目标收益率法止盈操作并不复杂，但是一个合适的目标收益率确定起来还是很难把握的。目标收益率过低，过早止盈得不到更高的收益；目标收益率过高，会错失止盈机会：需要实施分批止盈。

估值法止盈

估值法就是根据历史数据对指数的价值进行预估，指数估值水平是反映指数被高估或低估的一个指标。因为市场情绪过高或对未来的看好等因素，指数可能会被高估，但是从长期来看，过高的估值还是存在一个回归过程的，因此可以利用指数的估值水平进行止盈。

在使用估值法止盈时，一般是对 PE 和收益率进行预估。

1. 对PE进行估值的止盈方法

在使用 PE 估值法时，还要配合分批估值止盈法。例如，在历史数据中，中证 500 的 PE 都能突破 80，但是预估后续的行情中能否出现超过 80 的 PE 是一件很不确定的事。

在实际的操作中，我们就需要利用止盈线进行分批止盈。即 PE=60 时，可以赎回 60% 的份额；PE=70 时，赎回 30% 的份额；PE=80 时，赎回剩下的 10% 的份额。

2. 对收益率进行估值的止盈方法

收益率止盈法的操作可以用一句话来概括："达到了就赎回，没达到就等着。"就是设置相应的止盈收益率，在实际的收益率达到这个预估值时，就止盈，如果没有达到，就继续等待时机。

使用收益率估值止盈方法的关键是预估一个可靠的收益率。在预估收益率时，需要参考投资者的风险偏好、所投指数的变动特点、预期将会持有的时间等来确定。例如，所投指数具有较好成长性的投资者，可以结合自己的风险偏好，将收益率止盈点设置得高一些；倾向于"小富即安"和"短期战线"的投资者，则可以将收益率的止盈点设置得稍微低一些。

估值法是止盈方法中比较可靠的一种，但是任何方法都不能彻底解决止盈问题。估值法也有缺点，它不能保证未来的收益能与历史数据相吻合；估值法也不适用于所有的指数基金，不同指数基金的止盈线也是有差别的。

这三种指数基金的执行方法各有利弊，投资者可以根据自己的实际情况选择相应的方法。最主要的还是要结合实际情况来确定止盈目标。

对于止盈方法的使用，投资者可以借鉴老罗总结的一些止盈方法。

（1）不要奢求卖在最高点，分批执行最佳。

投资者要判断市场高低点谈何容易，既然定投建仓是细水长流，那么止盈也不必苛求一次性退出。

（2）定投早期不止盈，中后期要谨记止盈。

定投早期资金积累不多，及时赎回对投资者影响有限，也不能起到储蓄的作用，这个时候止盈意义不大。中后期止盈要根据市场情绪、指数涨幅以及估值三个方面判断牛市已经到来，可以准备分批止盈了。

（3）止盈套路很多，找到适合自己的方法。

基金定投的止盈方法很多，在网上搜索就可以找到指数参数法、目标收益法、技术指标法等。老罗觉得每一种方法都有它的逻辑性和适用性，难以准确评价其优劣。止盈套路很多，关键是要找到适合自己的方法。

进行定投收益计算，做智能定投

投资者做指数基金定投，最终的目的是获得一个较好的收益。所以投资者对指数基金定投收益率的大小格外在意。因此，我们就需要对指数基金定投收益进行计算，来看看所投的指数基金到底有多高的投资价值。确定定投收益率之后，我们就可以根据实际情况在具体的投资过程中灵活地定投，以期最后可以获得更好的投资收益。

定投的年复合收益率计算

一般来说，指数基金的年复合收益率计算稍微有一些复杂，但是借助EXCEL 里面的财务函数还是可以进行指数基金年收益率计算的。

例如，我们的投资计划为月定投，每月定投金额是 1000 元，定投期限为 1年，那么这种定投模式最终的收益率是多少呢？

关于这个例子，我们约定年收益率为 4.5%（一年定期存款利率的基准利率 1.5% 加上 3%），月收益率为 0.38%。那么在 EXCEL 中，我们可以用 FV 函数计算出年末持有的资金数额为 12254 元。然后，我们利用 IRR 函数计算内含收益率为 0.3%，即为月复合收益率。那么最终的年复合收益率为（1+0.3%）^{12}−1=3.6%。见表 7−7。

表 7-7　每月 1000 元的月定投

月份	投入资金（元）
1	−1000
2	−1000
3	−1000
4	−1000
5	−1000
6	−1000
7	−1000
8	−1000
9	−1000
10	−1000
11	−1000
12	−1000
期末持有市值	12254
月复合收益率	0.3%

一般来讲，如果不考虑指数基金估值，坚持长期定投，持续时间达到二三十年，A 股市场的收益率在 10% ～ 13%，美股的收益率在 8% ～ 9%。

如果配合估值，只在低估值时才定投指数基金，那么定投的年复合收益率会有大幅提升，A 股或港股长期收益率很有可能超过 15%。

如果采用不定额的投资方法，当估值越低时，买入数额越多，那么年复合收益率可能要达到 15% ～ 20%。

智能定投姿势

1. 智能定投的基础

智能定投实际上是一种完全不择时与主动择时之间的权衡，它强调的是在低位多投入，在高位少投入，也就是定期不定额地投资。

所以，智能定投，就是涨则少买，跌则多买，这会使成本摊得更低、更薄。

2. 智能定投的实现

智能定投的实现主要取决于三个方面：用指标判断市场走势；描述不同的市场区位；确定"高少低多"的具体数额。下面分别对这三个方面进行详解。

（1）用指标判断市场走势，可选择的指标主要有三类，具体内容如图 7-8 所示。

N日指数均线

将指数均线理解为N日以来的市场平均持股成本，一般可选择的均线有180日均线、250日均线、500日均线等，然后以上证综指、沪深300指数等大盘指数为基准，用某日定投后的收盘价与所选择的基准指数N日均线作差，来判断市场走势

指数PE

利用市场的走势与PE的相关性，根据PE区位来描述板块走势，低估值时增加买进，高估值时减少买进

投资成本

将市场走势和投资者行为相结合，在扣款时，综合衡量基金净值与投资单位成本间的关系：若是基金净值较低，则扣款买入；若是基金净值较高，则减少扣款金额

图 7-8　可判断市场走势的指标

（2）对不同的市场区位进行描述，可选用偏离度来实现量化。

对于 N 日均线与市场走势的偏离度，我们可以利用公式对其进行计算与衡量。

$$偏离度 = \left(\frac{T\!-\!1\ 日参数指数的收盘价}{T\ 日时该参数指数\ N\ 日均线} - 1 \right) \times 100\%$$

对于平均的投资成本的偏离度，我们也可以利用公式对其进行计算与衡量。

$$偏离度 = \left(\frac{T\!-\!1\ 日时基金单位净值}{当前持有基金的平均成本} - 1 \right) \times 100\%$$

计算出的偏离度，一般按照 5% 为一档设置区间，相应区间对应相应的扣款幅度。

（3）"高少低多"讲的是高位少投、低位多投，而且高位与低位之间的差值用"级差"来表示。级差越大，加大和减少的扣款金额幅度也就越大。

以上是智能定投扣款金额计算的基础，利用这些内容可将实际扣款金额的计算公式表示出来。

$$实际扣款金额 = 基础金额 \times (1 + 档位参数 \times 级差)$$

我们通过一个例子来讲解实际扣款金额的计算。例如，某投资者选择按月不定额定投广发沪深 300ETF 连接基金，其设定的扣款金额基础为 1000 元，级差为 10%，同时以沪深 300 指数 250 日线作为参考指标。某月的 T−1 日指数收盘价超过均线点位 100%，此时对应的扣款档为 −4，则计算出当月的扣款金额为 600 元；之后，市场进行了大幅度的调整，指数收盘价低于均线 35%，对应的扣款档位为 5，计算出该月的扣款金额为 1500 元。

3. 智能定投的正确方式

智能定投模式超越了普通定投，可以说，智能定投更加理性，是人为操作、观察及控制让普通定投变为智能定投。在智能定投的操作过程中，我们要做好以下几点，以让智能定投摆脱"傻瓜定投"。

（1）管理好自己的资金，防止扣款失败。智能定投的"智能"主要体现在定期不定额的投资上，所以投资者要对自己账户的资金十分清楚。如果判断出是市场低位，那么当期扣款金额会加大，这就需要投资者保证账户上有足够的资金来满足扣款需要。管理好自己的账户资金，能够避免扣款失败事件的发生，也能更好地抓住市场低位。

（2）结合风险偏好选择基准指标与级差。选择基准指标时，投资者要充分考虑自己的风险承担能力。一般情况下，以长期均线作为基准则波动率较小，而以短期均线作为基准则要承担更大的波动率。波动率越大，意味着风险越大。所以投资者要根据自己对波动率的承受程度来选择基准参考指标。

（3）做智能定投，要耐心与恒心相结合。在做智能定投时，若市场进入了长期的熊市，按照智能定投的规律，这时候每次定投扣款额度会逐渐增加，投资者可能会面临资金紧张的情形。当这种情况出现时，只要投资者选择的基金品种足够优秀，就不必惊慌，要有恒心与耐心，因为牛市迟早会到来。

💰 投资短报

特色案例，深度解析定投基金

有这样一个例子：某位投资者从 2005 年 2 月就开始定投 50ETF 指数基金，定投期限长达 12 年，终于在 2017 年的 4 月结束定投。但是在这长达 12 年之久的定投中，这位投资者获得的收益率还不到 40%，年化收益率也仅有 5.15%。看到这里，大家是不是开始对指数基金的定投失去了一点点期待？我们看到，这位投资者的投资结果与市面上对指数的宣传处在两个截然不同的层面。于是，很多人开始有疑问了，我们就来看看这些疑问具体是什么。

定投爱好者小东："不是说定投是不懂理财的上班族为未来储蓄而进行长期投资的最佳懒人理财方式吗？难道这位投资者坚持 12 年的时间还不够长？"

定投爱好者小西："不是说定投可以避免错误择时，在牛市少买、熊市多买，长期摊薄投资成本获取更高的收益吗？怎么收益只有这么一点点？"

定投爱好者小南："对于想要获取高收益又担心风险的懒人，定投除了可以获得可观的收益之外，不是还可以分批进场起到分散风险的作用吗？怎么看起来风险分散效果不佳，这位投资者是跟着市场来回'坐电梯'？"

定投爱好者小北："不是说定投可以在长期投资过程中取高补低，从而获取市场平均收益，达到稳定的效果吗？年化收益率 5.15% 怎么也不像是市场的平均收益率啊！"

这位投资者的这只定投 12 年之久的指数基金并没有给他带来可观的收益，倒是引来了大众投资者的一片争论。那么这到底是怎么回事呢？有人觉得，这是因为这位投资者选择的基金品种不够给力，其波动性不高；也有人认为是因为投资者没有及时止盈，错过了最佳的出手机会；还有人认为指数基金定投大概就是这个样子，那些宣传只不过是基金销售机构的营销手段罢了。

事实上，通过分析发现，50ETF 指数基金在这段投资时期内，年化复合收益率为 10.35%，这对于一次性买入来说，收益率是比较高的，但是这位投资者做的是定投，在12年的投资当中，总共分为146期买入，如果他在高位买入过多的话，那么最后的投资收益自然而然地会偏离理想状态。所以这样的投资结果也不能完全否定指数基金的定投，这位投资者的投资收入过低，主要是因为他没能做好投资策略，使得投资成本过高。

对50ETF的行情进行研究可以发现，在这12年当中，50ETF经历了过山车似的行情（见图7-9）。如果投资者在投资过程中没有做好分析，没能抓住微笑曲线的规律出手，也会出现不理想的投资结果。

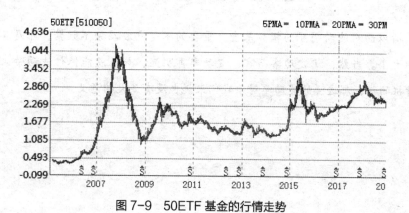

图7-9 50ETF基金的行情走势

这位投资者的投资经历引起了很多讨论，也让我们普通投资者明白了一些投资道理，也就是说，在投资的过程中，要把握住最合适的卖点出手，还要把握住投资机会，错过行情不宜，没能抓住后续行情更不宜。根据万得资讯的研究发现，定投的时限维持在9个月到2年时，收益率的表现最优。对于这个定投期限区间，投资者在定投时可以作为参考，但是也不要一味地迷信。

我们再来看中证500指数在2005年2月到2017年4月的行情走势（见图7-10）。比较50ETF和中证500指数的变化，我们发现50ETF的波动更明显，而中证500指数的波动相对来说较少。但是就波动率而言，中证500指数的波动率更明显。也就是说，若能做中证500指数基金的定投，并且能够在合适的时机卖出，那么中证500指数的收益率其实是更高的。

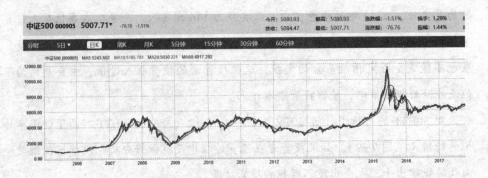

图7-10　中证500指数的行情走势

　　所以面对波动明显的指数基金，重要的不是它波动频不频繁，而是其波动率的大小。当然，就波动率而言，波动率再明显，如果没能抓住波动带来的投资时机的话，那这样的波动率对于我们来说也没有多大的意义。

第八章

掌握交易策略，基金投资获利才有保障

善理财者，不加赋而国用足。

——王安石

　　理财方法、策略一直都是投资者非常热衷的投资指南。在理财的过程中，投资大师们逐渐总结出了一系列的理财方法、策略，而且在实践中还得到了验证。投资者若能够借鉴这些方法、策略进行投资理财，那么也会收获意想不到的惊喜。

　　本章就指数基金投资过程中可以使用到的各种方法、策略进行归集，以为投资者提供参考。不管是哪种策略，都只是指导投资者进行理财的工具，工具用得好与坏，也会因人而异。市场情况千变万化，工具使用要合情合理，这样才可以发挥这些策略应有的作用。

揭示五大风险内幕，利用五大技巧防范风险

"股市有风险，投资需谨慎"，不只适用于股票投资，也适用于基金投资。事实上，任何投资方式都有相应的风险，都是在与风险进行斗争，在风险的夹缝里求收益、谋获利。

做指数基金投资的过程中，投资者会面临各种风险，不过投资者不要胆怯，风险虽然可怕，但是分析起来，也没有那么犀利。只要投资者理智地对待风险，掌握一定的风险防范策略，就可以与风险共舞，品尝绕开风险后的甜蜜。

基金投资中的五大风险

不管投资者投资哪种类型的基金，都或多或少地会遇到以下五大风险。

（1）流动性风险：指投资者的基金出现巨额基金赎回等情况时，投资者可能无法以当日净值全额赎回，这时投资者如果选择延迟赎回，就可能要承担单位基金净值下跌的风险。

（2）金融市场风险：指证券价格在政治、经济及上市公司经营情况变化等的影响下变动的风险，这会给投资者带来不确定的损失。金融市场风险主要有四种，如图8-1所示。

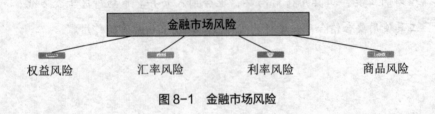

图8-1　金融市场风险

在这四种风险类别中，汇率风险和利率风险对金融市场的影响最为突出。汇率风险主要表现为外汇交易风险、外汇结构性风险。利率风险主要表现为重新定价风险、收益率曲线风险、基准风险、期权性风险。

（3）运作机构风险：指基金公司在基金运作过程中由于信息不对称、判断失误或管理不善等，使基金产生损失的风险。

运作机构的风险以管理风险最为主要，管理风险又主要包括四部分，如图8-2所示。

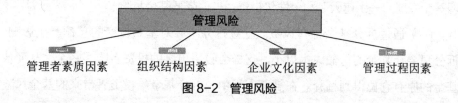

图 8-2 管理风险

为了防范管理风险，基金投资者要对基金经理人的资质进行细致考察，也就是看基金经理的为人、水平、口碑等。

（4）基金投资品种风险：指股票投资风险和债券投资风险，具体内容如图8-3所示。

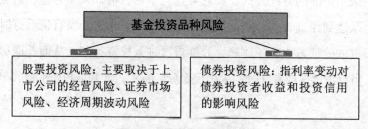

图 8-3 基金投资品种风险

（5）申购和赎回价格未知风险：指投资者在对基金单位进行申购和赎回时，参考上一个交易日的基金资产净值进行结算，这样的赎回机制使得基金上一交易日与当前交易日之间的净值变化脱离了投资者的控制，无法确定最终的成交价格。

五大风险化解技巧

对于基金投资过程中存在的五大风险，我们也有五大技巧来进行化解。具体内容如下。

（1）用分红基金稀释风险。当处在震荡市场时，利用低成本对高比例分红基金进行建仓，可稀释基金的风险。建仓的增加，意味着会有更多的投资者来承担基金的风险，从而使基金风险降低。

（2）采用双经理制降低风险。让两位基金经理对基金的运作进行决策，削弱基金经理"一手遮天"和个性化投资，进而降低基金风险。

（3）通过拆分基金稀释风险。基金拆分不会对基金资产的总额产生影响，拆分只会让基金的份额成本更小，这样会吸引更多的投资者购买基金，从而使基金的原有仓位得到稀释。在震荡市场中，拆分基金给投资者带来的基金风险稀释效果更为明显。

（4）适时进行投资组合调整。组合投资一直是降低风险的有效措施。由于各种投资标的不会出现同幅度涨跌，所以投资风险可以有效地被降低。当集中投资形成一个组合时，组合的投资报酬是个别投资的加权平均，组合还会将品种间的涨跌作用进行抵消，使整体风险降低。

（5）采用灵活的分红方式。针对具体的市场行情，采用与之相对应的分红方式，可以达到保证收益和降低风险的目的。一般来讲，当行情看好时，选择红利再投资的分红方式，能让基金分红再次进入投资行列，从而获取更多的投资收益；当行情震荡或看跌时，采用现金分红方式，能获取投资的既得利润。

通过大小盘与行业指数轮动寻找买卖机会

做指数基金投资时，使用一些投资策略能够对投资收益产生重要的影响。比如大小盘指数轮动，就是在大盘股和小盘股之间切换，轮流持有不同标的指数。除了在不同盘面中切换标的成分股之外，也可以从不同投资品种强势时间的错位着手，在不同的行业之间进行品种的切换，来实现投资收益的最大化。这种盘面轮动和行业轮动，都是希望通过切换投资对象来抓住表现更优异的投资产品，让投资收益处在一个高水平。

大小盘指数轮动策略

如何理解大小盘轮动策略呢？我们从大小盘轮动策略的原理开始，来逐步理解该策略以及运用该策略。

1. 大小盘轮动策略的原理

大小盘轮动策略也叫"二八轮动"策略。这里的"二"指数量占比约 20% 的大盘权重股，"八"指数量占比约 80% 的中小盘股。二八轮动，就是在大盘股和小盘股之间不断切换，轮流持有相应的股票。大小盘轮动策略是以技术分析为依据，先对市场行情做出判断，再根据变化决定轮动的方向。

"二八轮动"策略是一种"动量效应"。而动量效应又被称为"惯性效应"，指股票的收益率有延续原来运动方向的趋势，也就是在过去一段时间收益较高的股票，在未来其收益率仍然会高于过去收益率较低的股票。"二八轮动"策略可以说是一种根据动量效应追涨杀跌的投资策略，它可以帮助投资者解决"买什么，什么时候买"等投资问题。

2. 大小盘轮动策略的操作

我们以"蛋卷斗牛二八轮动"指数为例，这只指数是按照趋势跟随策略编制的，其成分标的包含沪深 300 指数、中证 500 指数和国债指数。轮动操作如下。

每日收盘后对比当日收盘数据与 20 个交易日前的收盘数据，选择沪深 300 指数和中证 500 指数中涨幅较大的一个，在下一个交易日收盘时切换为持有该指数。如果两个指数均下跌，则在下个交易日收盘时切换为持有国债指数。

也就是说，如果判断市场情况较好，在大小盘股票上进行轮动，持有涨势较好的股票；如果判断发现市场情况不好，则卖掉股票，转入风险较低的国债产品。

3. 大小盘轮动策略在A股市场的应用

A 股市场历年大小盘的收益差别较大，也就是说在 A 股大小盘的轮动是比较显著的。就理论而言，在 A 股市场进行大小盘轮动是相当有效的。

4. 大小盘轮动策略的评价

对大小盘轮动策略的评价，主要体现在以下三个方面。

（1）从整体上来说，大小盘轮动策略是有效的，但不能把希望都寄托在大小盘的轮动上。有数据表明，A 股市场的整体收益是有效的，能够实现比业绩基准更高的风险调整收益率，但是超额收益率并不是特别明显。

（2）轮动策略在波动大、趋势强的市场更有效。大小盘轮动在震荡市场中的业绩不如业绩基准，这主要是因为大小盘轮动的优势主要体现在大涨或大跌的市场里，在震荡行情中优势就不明显。投资者需要蛰伏等待市场单边的大涨到来，这样才会有较丰厚的收益。

（3）底层产品的交易费率很重要，指数基金 C 类份额是最佳选择。大小盘的轮动调仓周期一般为 11 天左右，如果底层资产的申购、赎回费率较高，就会对策略的效果产生非常不利的影响，甚至会让策略失效。

大小盘轮动策略最适合用在单边市场中。当单边市场上涨或者下跌，特别是牛市到来时，能够帮助投资者抓住大牛市。但是大小盘轮动策略在窄幅的震荡市场中就没有优势了，碰到这样的市场就没必要进行大小盘轮动。

行业指数轮动策略

行业轮动策略就是在某一区间范围内，对不同行业的区间表现进行比较、判断，力求避开区间内表现不好的行业，而将表现最好的行业握在手里。如果判断市场不佳，那么就应该降低权益类产品的仓位，增加债券或货币的仓位。

行业轮动在 A 股市场中能不能运用，主要取决于两点，如图 8-4 所示。

A股行业轮动的空间是否足够大，也就是有没有行业轮动策略施展的理论基础

策略是否有效，能否有效抓住A股行业的轮动变化

图 8-4 A 股中的行业轮动

这主要是因为，A 股是行业、主题、热点驱动的市场，同一区间内，不同行业之间的收益率可能会有很大的差异。这样的话，行业轮动策略在 A 股市场就有一定的使用基础。至于策略使用之后有没有效果，就另当别论了。因为任何策略都有一定的使用条件和局限性。

对行业轮动策略的具体运用，主要表现在对经济周期进行研究，进行基本面分析，从而找到合适的投资行业。还有就是使用量化模型，运用动量策略、技术分析等均线指标构建行业轮动模型。

1. 经济周期方法在行业轮动方面的应用

在一个经济周期中，存在先行行业和跟随行业。先行行业就是在这个经济周期中占主导位置的行业。比如基础设施建设方面的钢铁、水泥、机械等就属于先行行业，而对这些行业进行投资之后，相应的房地产、消费、文化等行业会跟随发展，那么这些行业就是跟随行业。所以经济周期法下的行业轮动就是找到先行行业和跟随行业，做切换投资。当然，在经济周期的不同阶段，需要根据实际情况配置不同的行业。

另外，在各个经济阶段，配置资产的类型也是有差异的。具体内容如图 8-5 所示。

衰退期：债券	复苏期：股票	过热期：大宗商品	滞涨期：现金
经济增长停滞：产能过剩、大宗商品价格下跌、通胀更低、企业利润下降、降息通道、收益率曲线下行	经济缓慢增长：利率较低、GDP加速增长、通胀率继续下降、企业盈利大幅上升、债券收益率仍处在低位	经济快速增长：企业增速减慢、通胀抬头、加息、GDP仍处在潜能之上、收益率平缓上行、债券与股票回报不确定	经济发展停滞：GDP降到潜能之下、通胀继续、产量下滑、商品提价、工资—价格螺旋上涨、通胀见顶、央行紧缩银根

图 8-5　不同经济阶段的资产配置

2. 量化模型方法在行业轮动方面的应用

该方法是利用技术分析动量指标发出的信号进行买卖，进而追踪趋势。这就要求投资者具有较强的技术分析能力，能利用技术分析指标找到适宜的投资行业和投资对象。运用量化模型方法时要注意以下几点。

（1）行业轮动策略整体是有效的，但不能期望过高，因为行业轮动虽然可以取得较好的业绩，但是超额收益并不明显。

（2）产品费率很重要，指数基金 C 类份额费率低，是行业轮动的最佳选择。

（3）市场行业轮动模型主要参考的是动量指标，在长期上涨行情下更有效。

巧用三种买入策略，投资省事省时

对于指数基金的买入，不同的投资者有不同的策略，而且不同的投资策略会产生不同的结果。

三种基金买入策略

投资者普遍使用的指数基金买入策略主要有以下三种。

（1）满仓买入策略。即假定按照每年不同市场第一天直接全仓买入。这种策略对择时能力的要求特别强，一般买入点是比较低的位置。

（2）分批买入策略。即分批次买入，第一次买入 30%，后续下跌 15%，补仓 30%，再下跌 15%，补仓 40%[①]。

（3）正金字塔买入策略。即第一次买入 10%，下跌 15%，第二次加仓 20%，再下跌 15%，加仓 30%，再下跌 15%，加仓 40%[②]。

可见，使用正金字塔策略时，下跌越多，买入越多。

正金字塔买入方法的操作需要投资者根据当前指数的点位水平进行调整。一般情况下，投资者可在 5% ～ 20% 的范围内调整下一批加仓的下跌幅度。具体方法如下。

---

① 下跌设置为15%只是其中的一种设置方法，不一定是最优的，可以根据市场环境设置不同的值。

② 这里设置的下跌15%同样也可以设置为其他值，具体值要根据投资者对市场最大下行空间来判断，这里设置的是15%，加仓三次，说明后续市场最大下跌空间是45%左右。

①指数点位较高，通常是牛市高点的情况：每下跌 15% ~ 20%，买入下一批指数基金。

②指数点位居中，通常是震荡市场，估值偏高的情况下：每下跌 8% ~ 15%，买入下一批。

③指数点位较低，通常是弱势，估值已经较低的情况下：每下跌 5% ~ 8%，买入下一批。

三种买入策略的市场表现

1. 震荡市场

例如，2010 年，中证 500 指数以震荡为主，这一年中证 500 指数的累计涨幅为 10%，假定总的投入资金为 100 000 元，那么按照三种买入策略进行投资，具体内容见表 8-1。

表 8-1　震荡市场的三种买入策略

策略	实施
满仓买入策略	年初第一天全仓买入中证 500 指数基金，即 100 000 元
分批买入策略	年初第一天先买入 30% 中证 500 指数基金，即 30 000 元；然后按照相应设定加仓
正金字塔买入策略	年初第一天先买入 10% 中证 500 指数基金，即 10 000 元；然后按照相应设定加仓

最终，三种策略在震荡市场中的表现见表 8-2。

表 8-2　三种策略在震荡市场中的表现

策略	初始资金（元）	2010 年期末资金（元）	2010 年收益率（%）
满仓买入策略	100 000	109 500	9.5

续表

策略	初始资金（元）	2010 年期末资金（元）	2010 年收益率（%）
分批买入策略	100 000	111 478	11.5
正金字塔买入策略	100 000	106 800	6.8

可以看出，在震荡市场中，分批买入策略是最优的。

2. 单边下跌市场

例如，2011 年，中证 500 指数以单边下跌为主，这一年中证 500 指数的累计跌幅为 34%，假定总的投入是 100 000 元，那么按照三种买入策略进行投资，具体内容见表 8-3。

表 8-3　单边下跌市场的三种买入策略

策略	实施
满仓买入策略	年初第一天全仓买入中证 500 指数基金，即 100 000 元
分批买入策略	年初第一天先买入 30% 中证 500 指数基金，即 30 000 元；然后按照相应设定加仓
正金字塔买入策略	年初第一天先买入 10% 中证 500 指数基金，即 10 000 元；然后按照相应设定加仓

最终，三种策略在单边下跌市场中的表现见表 8-4。

表 8-4　三种策略在单边下跌市场中的表现

策略	初始资金（元）	2011 年期末资金（元）	2011 年收益率（%）	截至 2015 年 5 月 29 日累计收益率（%）
满仓买入策略	100 000	74 338	−25.7	93.6

续表

策略	初始资金（元）	2011 年期末资金（元）	2011 年收益率（%）	截至 2015 年 5 月 29 日累计收益率（%）
分批买入策略	100 000	87 003	−13.0	134.4
正金字塔买入策略	100 000	94 148	−5.2	176.2

可以看出，在单边下跌市场中，正金字塔买入策略是最优的。正金字塔策略适用于预估后市会有较大下跌空间的市场行情。

3. 单边上涨市场

例如，2014 年，中证 500 指数以单边上涨为主，这一年中证 500 指数累计涨幅达到 39%，假定总的投入为 100 000 元，那么按照三种买入策略进行投资，具体内容见表 8-5。

表 8-5　单边上涨市场中的三种买入策略

策略	实施
满仓买入策略	年初第一天全仓买入中证 500 指数基金，即 100 000 元
分批买入策略	年初第一天先买入 30% 中证 500 指数基金，即 30 000 元；然后按照相应设定加仓
正金字塔买入策略	年初第一天先买入 10% 中证 500 指数基金，即 10 000 元；然后按照相应设定加仓

最终，三种策略在单边上涨市场中的表现见表 8-6。

表 8-6　三种策略在单边上涨市场中的表现

策略	初始资金（元）	2014 年期末资金（元）	2014 年收益率（%）
满仓买入策略	100 000	134 500	34.5
分批买入策略	100 000	110 342	10.3
正金字塔买入策略	100 000	103 334	3.3

可以看出，在单边上涨市场中，满仓买入策略是最优的。而分批买入策略和正金字塔策略表现不佳，主要是因为市场没有给其回调的买入机会，导致仓位过低才收益不佳。

总体来看，满仓买入策略更适合用在牛市中，当行情上涨时，投资者可以获得最大的收益，但前提是能够精准地判断出市场走势；分批买入策略更适合用在震荡市场中，适用于择时把握欠佳的投资者，能够有效降低买在高位的风险；金字塔买入策略更适合用在熊市中，也就是市场处在弱势时，按照"越跌越补"的策略去投资，跌多了肯定会有反弹，反弹时就可以出货，进而赚取收益。

五招轻松解决指数基金的卖出时间

在资本市场中，有这样一句俗语："会买的是徒弟，会卖的是师傅。"可见，"卖"在资本市场是一个更严肃的话题。很多指数基金投资者同样对指数基金的卖出时间非常在意。每一位投资者都希望自己手中的基金可以在最高点卖出，但是最高点怎么确定是难点。

下面从投资策略出发，介绍一些指数基金的卖出方法，投资者可以根据自己的适应性选择适合自己的卖出方法。

利用技术指标确定卖出点

利用技术指标确定指数基金的卖出点是很多投资者比较认可的一种方法，这种方法有较强的严谨性，同时对投资者的技术分析能力也有一定的要求。在判断指数基金的卖出时点时，通常要用到的技术指标有 MACD 指标、KDJ 指标，也有投资者建议使用 RSI 指标，但是 RSI 指标更多地适用于短线操作，所以投资者可以根据自身情况选择运用，这里不再讲解关于 RSI 指标的应用。

我们以上证综合指数在 2019 年 1 月到 8 月的技术形态图（见图 8-6）为例进行分析，从图中可以看到，配合 MACD 指标的变化，K 线形态同样出现相应的变化，而且也从均线方面的变化得到了验证。

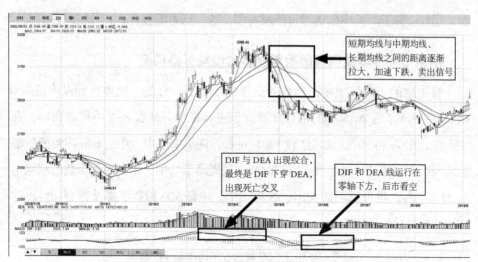

图 8-6　上证指数技术形态图

结合 KDJ 指标，我们也可以看到这些指标表现出来的卖出信号是一致的，如图 8-7 所示。

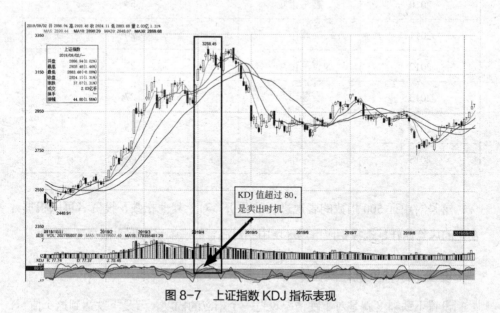

图 8-7　上证指数 KDJ 指标表现

技术分析的各个指标都有其适用的条件，它们能较为客观地反映行情，是确认卖出时点的一个重要工具，但是技术分析也有缺点，那就是在震荡行情中的实用性会降低，发出的信号可能没有用，这一点需要投资者在分析时注意。

根据市场环境及自身风险承受能力设置涨幅预期

在不同的市场环境中，指数的反弹幅度是不一样的。这里我们以中证500指数在2009年至2015年的指数反弹为例进行说明。从表8-7中可以看出，在牛市中，中证500指数涨幅达到120%左右，在小牛市中，中证500指数的涨幅达到55%，这都是可以考虑卖出的时机；在震荡市场中，中证500指数的涨幅达到27%左右，也可以考虑卖出；在熊市中，中证500指数涨幅反弹到20%，这时候同样是可以卖出的。

表8-7 中证500指数在不同市场中的表现

年度	市场环境	中证500指数反弹最大幅度（%）
2009	牛市	128
2010	震荡市场	54
2011	熊市	20
2012	震荡市场	27
2013	震荡市场	27
2014	小牛市	55
2015	牛市	118

这是对中证500指数的表现进行的分析，对于其他指数，投资者可以根据自己的风险偏好，选择相应市场环境中相对满意的涨幅来采取卖出行动。

设置下跌幅度确定卖出点

设置下跌幅度就是对下跌情况设置一个相应的幅度，若是下跌达到这个值，就开始卖出。这种方法不仅可以确定卖出点，还能达到止损的目的。当在牛市中使用这种方法时，能够尽可能地锁住盈利；在熊市中使用时，则可以尽可能地减少亏损；而对于震荡市场，该方法可能就很难把握了。

例如，我们在某年初买入创业板指数基金，假定指数的涨幅和跌幅是一致的，如果当年前期出现的高点与某天的点位跌幅达到 20%，那么就卖出创业板指数基金，该年度不再投资创业板指数基金，一直等到第二年时再买入。如果当年前期出现的高点与某天的点位跌幅一直没有达到 20%，那么在该年的最后一天卖出创业板指数基金。

将市盈率的相对高点作为卖出点

利用市盈率确认卖出点，要求投资者对某只基金的市盈率范围比较清晰，并且给这只基金的市盈率设置一个较高的点和一个较低的点，这样就可以把市盈率较高的点作为卖出点，把市盈率较低的点作为买入点。这种按照估值进行基金买卖的方法较为安全，但是需要等到相应的点才能操作的设置可能会错失一些波段操作机会。

根据市场情绪确定卖出点

根据市场情绪确定卖出点，就是根据经验判断出市场的牛市在哪里，然后等待时机再卖出。但是这种方法操作起来不确定性更大，因为市场情绪很难量化，现有的分析工具还不能将市场情绪完整地表现出来。

以下这些现象能帮助投资者对牛市进行判断。

（1）人人都觉得自己是股神，身边的人都开始推荐股票。

（2）基金销售火爆，出现"一日销售百亿"的股票基金。

（3）证券公司开户数量剧增，证券营业部人山人海。

（4）政府开始加息，但是股市依然疯涨，这时候要谨慎。

（5）场内产品的溢价率过高，说明市场狂热。

（6）股指期货水平高于现货水平，投资者对后市看好。

利用市场情绪判断卖出点虽然是一种可行的策略，但是该策略的执行难度较大，对投资者的个人经验和对盘面的判断能力要求很高，犯错的概率也较高，所以投资者要慎重使用。

捕捉震荡市场行情，做网格交易

震荡市场中的卖出时机最难把握。当市场整体在一定的幅度范围内震荡时，波动空间通常是有限的，这样交易就很难施展开来。在这样的市场中做定投是一种策略，但是很多投资者还是很难把握住交易时机。对于短线投资者来说，震荡市场的行情把握，还是要依据网格交易法来解决。

认识网格交易法

网格交易法就是设定一个价值中枢，利用档位的模式让投资标的的价格围绕价值中枢上下波动，下跌时分档买入，上涨时分档卖出（见图 8-8）。网格交易法是一种程序行为，利用行情在网格区间内低买高卖，进而可以合理控制仓位，避免追涨杀跌，这种方法的抗风险能力较强。

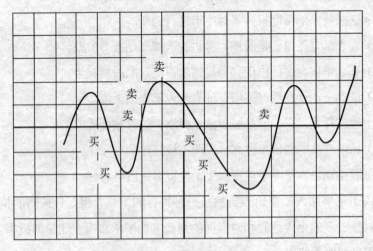

图 8-8　网格交易法

例如，在图 8-8 中，价格在价值中枢上下波动。当价格下跌到价值中枢以下时，每下跌一个层次，就买入一定的份额；当价格在价值中枢以上时，每上涨一个层次，就卖出一定的份额。

在使用网格交易法时，主要分以下三步完成。

（1）制订网格计划。例如，假设总的资金为 100 000 元，每格仓位是 10 000 元，这样就可以建立 10 个格子的网格系统。10 元开始建仓，每个格子 10% 的密度，那么可以覆盖 3.87 ～ 10 元的价格空间。

（2）买入基金。按照网格交易法操作，从起始价格开始，价格每下跌一格，就买入相应的资金量。例如，从 10 元开始买，买入 1000 股；从 10 元跌到 9 元，买入 1100 股；从 9 元跌到 8.1 元，买入 1200 股；以此类推。

（3）卖出基金。从最近的买入价位开始，价格每上升一格，就卖掉买入的仓位。例如，8.1 元买入的股票，当价格上升到 9 元时，就卖掉 1200 股；9 元买入的股票，当价格上升到 10 元时，就卖出 1100 股；以此类推。

这就是网格交易法的基本操作，从定价位开始，依次定好网格密度、每格的资金量，然后就可以利用该方法进行交易操作了。

使用网格交易法的注意事项

利用网格交易法做网格交易是一种非常简单和清晰的交易策略，但是网格交易法的使用也存在一些需要注意的事项。

（1）跌破最低价，会出现亏损。如果价格在下跌的过程中跌破了最低价，那么投资者的卖出时机就很难到来，势必会让投资者承受亏损。为了弥补亏损，如果这时投资者的资金还充裕的话，可以继续做定投，等到价格反弹出现时，将定投的部分卖出获取收益，然后继续原先的网格交易。从这里也可以看出，网格交易法更适合用在底部震荡行情中，这样就不会轻易碰到跌破最低价的问题。

（2）突破最高价位后空仓，在开始的牛市中不能获得高收益。为了避免进入牛市后早早地空仓，我们建议投资者在低位时尽量多买入，长期持有（可以说长期存着等待机会）。投资者也可以保持留有底仓的习惯，也就是让一部分资金不动，用另一部分资金做网格交易，在牛市涨幅达到自己非常满意的价位时再卖出底仓。

底仓的规模与投资者对当前市场的判断有关：当前点位离市场大底越近，底仓规模就越大；当前点位离大底越远，底仓规模也就越小。

（3）资金使用效率不高。如果市场不在投资者设置的档位内运行，投资者的资金利用效率就会非常低。这是投资者无法避免的一个网格交易法的缺点。面对这种情况，投资者可以利用闲置的资金购买国债逆回购、场内货币 ETF 等来提高闲置资金的使用效率。

除此之外，由于网格交易法需要时刻盯着盘面变化，频繁地进行交易才能让该方法发挥到极致，所以对上班族来说，由于时间等问题的限制，这种投资策略就不够实用了。

网格交易品种的选择策略

要做网格交易，就需要先对市场行情进行判断，即市场是箱体震荡[①]时，网格交易才能发挥作用。做好市场判断之后，就需要选择可靠的基金品种做网格交易了，网格交易的基金品种选择及相应交易策略如下。

（1）选择 ETF 指数基金。ETF 指数基金能够更好地分散个股带来的风险，更有利于网格交易。

（2）选择低估值且在底部的指数基金。低估值且在底部的指数基金产品是有安全边际的，这样就能避免投资的品种不断下跌突破网格下限的风险。投资者可以根据 ETF 跟踪标的指数的绝对估值水平和历史估值范围等，来判断该基金目前的估值是否在历史的相对低位区域。

（3）不要选择波动率过低的品种。网格交易的收益率取决于波动率，如果所选择的基金品种的波动率过低的话，获取利润的空间就不够大。只有波动率

---

① 箱体震荡：市场在一个价格范围内上下波动，不会大涨，也不会大跌，这样，一段时间内，K线图就类似于一个长方体。价格震荡范围的上限为箱顶，下限为箱底。

高的品种，才有更多的机会触及买入、卖出线，这样才能多次卖出，获得更多
的收益。

　　网格交易是震荡市场中非常实用的一种交易策略，能够很好地降低持仓成
本，长期持有。在使用该策略时，一定要遵守策略进行操作，严格按照金额买
入、份额卖出的原则执行。

大类资产配置，实现基金资产风险化解

随着基金市场的发展，基金产品的数量与种类越来越丰富，在大盘规模指数、行业指数、主题指数、商品指数、债券指数等的基础上，衍生出各种各样的指数基金品种。同时，投资于不同国家和不同地区的各类股票指数、债券指数等 QDII 指数产品也进入了大众的投资视野。面对各式各样的指数基金品种，投资者总希望能够从这些跨越不同层次的指数基金中，配置一只稳定且能够持久产生收益的指数基金。那么，这样的指数基金该如何配置呢？

采用"核心—卫星"策略进行基金资产配置

"核心—卫星"策略指将指数基金资产分为"核心"和"卫星"两部分，其理论核心是对资产组合进行设计，并对"卫星"部分进行主动管理，这样能让"核心"部分的持有成本减少，然后让资产与主要指数建立强相关性，来投资于预期收益超过基准的资产，从而抵消被动管理可能产生的收益损失。

"核心"通常由指数基金、ETF 基金、被动管理型基金等被动管理型证券组成，同时使用某一权威的大型指数作为其基准进行跟踪投资。

"核心"部分的目的是控制投资组合相对于市场的系统风险，对整个投资组合的安全和收益进行保护。

简单来讲，"核心—卫星"策略就是将一只基金的股票资产分成两部分，即"核心"部分和"卫星"部分，再让不同的投资组合对这两个部分进行构建。其中，"核心"部分在投资组合中占据的权重更大些，对整个投资组合的收益与安全起决定性作用；"卫星"部分就是整个投资组合中权重略小的部分，是核心组合的依托。

就国内的指数基金而言，通常保险公司划定的"核心"部分就是沪深300指数，会用70% ～ 80%的资金购买沪深300指数基金；"卫星"部分就是围绕核心资产做一些收益增强的资产和收益分散的资产，例如环保、医药、传媒等。

在使用这种策略时，投资者要先明确自己的投资目标是什么，再到大类资产里面进行切分。也就是说投资者看好什么资产，例如看好A股，就配A股为核心资产，用70% ～ 80%的资金购买A股里面看好的基金品种。

"核心—卫星"策略在国际范围使用较广，特别适合于推崇资产配置理念、谋求稳定可持续收益的基金。"核心—卫星"策略的优势如图8-9所示。

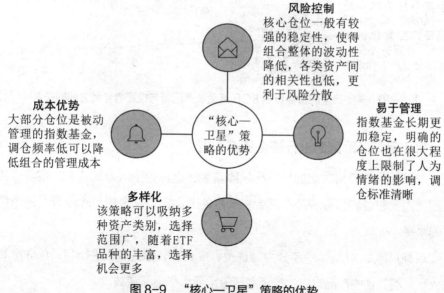

图8-9 "核心—卫星"策略的优势

采用目标日期策略进行基金资产配置

目标日期基金策略也叫生命周期基金策略。就是投资者预计将要退休的日期，然后随着退休日期的临近，逐渐减少权益类资产的比例，增加固定收益类资产的比例。这种动态的资产调整过程，能更好地适应投资者风险偏好的变化，使资产在积累的过程中发生损失的概率降低，从而在退休时可以实现最大化的财富积累。

目标日期 FOF 基金资产的配置直接与投资者的年龄挂钩。例如，美国典型的目标日期 FOF 基金资产配置与投资者的年龄之间的动态演化如图 8-10 所示。

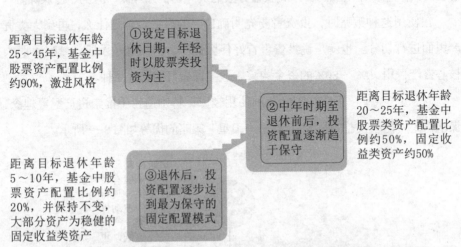

距离目标退休年龄 25～45 年，基金中股票资产配置比例约 90%，激进风格

①设定目标退休日期，年轻时以股票类投资为主

②中年时期至退休前后，投资配置逐渐趋于保守

距离目标退休年龄 20～25 年，基金中股票类资产配置比例约 50%，固定收益类资产约 50%

距离目标退休年龄 5～10 年，基金中股票资产配置比例约 20%，并保持不变，大部分资产为稳健的固定收益类资产

③退休后，投资配置逐步达到最为保守的固定配置模式

图 8-10　美国典型的目标日期 FOF 基金资产配置与投资者年龄之间的关系

采用目标风险策略进行基金资产配置

与目标风险策略对应的是目标风险基金，也称为生活方式基金。该基金通过配置固定权益和债券资产在基金资产中的占比，使基金的风险维持在一个恒定的水平。

目标风险 FOF 基金一般分为激进型、成长型、稳健型、平衡型、保守型和收入型六类，这些产品对应的投资者风险承受水平逐渐递减。

目标风险 FOF 基金通过提前制定风险预算，根据预期的组合波动水平，动态地调整资产配置，以实现目标风险控制和获得投资收益。这类基金在成立之时，就预先对风险收益水平进行了规定，所以投资过程中也会有相对稳定的风险收益水平，投资者只需要根据自己的风险偏好选择相应类型的基金产品进行资产配置即可。

目标风险基金吸引的投资者主要是养老计划投资者和其他投资者。

彼得·林奇七大法则，可靠的投资护卫

彼得·林奇是基金投资界的又一位传奇人物，他掌管的麦哲伦基金在 13 年间资产增长了 27 倍，可以说是基金投资领域的一个神话。彼得·林奇在基金投资领域的成功，与其独具特色的投资理念和投资方式是分不开的。人们通过对彼得·林奇基金投资法则的研究发现，这些投资法则对投资者修正自己的投资理念，端正自己的投资心态等都有很好的帮助。

法则一：尽可能多地投资股票型基金

彼得·林奇对选股非常擅长，他建议基金投资者最好选择股票型基金进行投资。因为，从证券市场的长期发展来看，持有股票型资产的平均收益要高于其他资产。

对于这一法则，投资者可能会有很多疑问，那就是投资股票型基金，万一股市不振，那收益还有保证吗？

对于这一问题，彼得·林奇给出的解答是："如果不能很好地预估股市的未来，那么就坚定地持有。"这其实是关于投资信念的问题。对于投资者来说，避开股票的风险要比持有股票的风险更大，这可以从全球历次的股灾中得到验证，不管熊市会出现多少次，只要坚持投资，最终的结果远好于避开股市的风险。在股市的上升期，投资者无须担心；在股市的震荡期，投资者要克服恐惧，用理性的态度来面对市场的变化。

投资者投资股票型基金，坚持这一法则时，要注意以下两个前提。

（1）这部分投资资本应该是以长期资本增值为目的的投资，不会给个人及家庭财务状况带来影响，这样投资者就不会因为基金的短期波动而面临财务压力。

（2）明确什么样的股票型基金可以坚持投资，什么样的投资方式可以坚持，然后挑选优秀的股票基金，组合不同的投资风格，投资者就可以更好地规避市场调整风险。

法则二：忘掉债券型基金

将债券型基金产品忘掉，这一投资法则与法则一有相通性。

彼得·林奇对这一法则的解释是："从资本增值角度来看，还是股票型资产的收益更好。"如果投资者喜好固定收益，那么直接购买债券的收益会更好。因为从长期实践来看，债券型基金的收益并不比单个债券更好，并且购买债券型基金的过程中，还要支付一定的申购费、管理费，这样成本更高，但收益更不确定。此外，如果坚持长期持有基金，债券型基金的收益要比债券的收益更差。

法则三：按基金类型评价基金

了解基金的类型，更有利于投资者做出正确的投资决策。

彼得·林奇对这一法则的解释是："不同类型的基金产品，在不同的市场时期和市场环境下会有不同的表现。"投资者要对基金的收益差异进行比较，不能简单地只看收益，而应该将这些基金放在同一类型或同一投资风格的条件下进行比较，这样才能对基金的各项表现都有更准确的认识。各种投资风格中都有好基金，不同风格的优秀基金是投资者构建投资组合的基础。

目前，我国的基金数量虽然较多，但是基金类型还有待丰富。而且多数基金的风格是不明确的资本增值型基金，缺乏足够的稳定性。投资者可以基于自己的基准资产比例来划分基金类型，例如可以是股票型、偏股型、配置型等。

法则四：忽视短期表现优秀的基金

很多投资者选择基金时，对研究基金过去的表现非常上心，特别是基金最近一年或半年的表现。其实，这种选择基金的方式是不够严谨的。

彼得·林奇解释道："基金中的短跑冠军未必能够成为长跑冠军，只有当基金在更长一段时期内表现稳定时，才能在一定程度上反映出其具有良好的持续性。"也就是不要花太多的时间去研究在过去某一段时间内表现良好的基金，而是要选择长期表现良好的基金并坚持持有这样的基金。

这就要求投资者关注基金的收益持续性，收益持续性要比短期冠军更有投资价值。

法则五：组合投资，分散基金投资风格

在投资基金时，投资者要按照分散组合中基金的投资风格的原则来构建一个组合。彼得·林奇解释道："随着市场环境的变化，具有某种风格的基金管理人或一类基金不可能一直表现良好。"投资者很难把握下一个投资转机，对不同风格的基金进行投资是很有必要的。

投资者在进行资产组合时，要避免以下两大误区（见图8-11），这样才可以从不同风格、不同类型的基金中挑选出满意的投资组合。

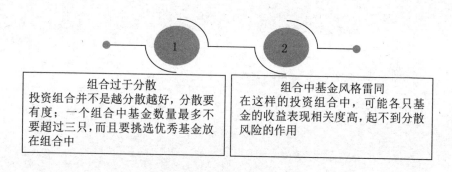

图8-11　资产组合时要避免的误区

法则六：调整投资组合

对于已经持有的基金组合，还可以根据市场环境进行调整。调整的一般原则是：向组合中增加投资时，选择近期表现持续不好的风格追加投资。不要在基金品种之间频繁进行转换，而是要通过追加资金来调整组合的资产配置。

彼得·林奇的经验证明，上述调整投资组合的方式更有效，这是以基金表

现风格之间的轮动为基础，使基金风格在股市的不同大小盘之间轮动，从而实现切换风格，达到调整投资组合的目的。

依据这个原则对投资组合进行调整，实际上是一种跟踪风格轮动的效果。而且从长期来看，买进下跌板块的风格，其风险比买进上涨板块的更小。

法则七：适时投资行业基金

在适当的时候投资行业基金，将投资范围限定在某个行业的上市公司基金中。

彼得·林奇认为：在理论上，股票市场上的每个行业都有表现的机会。在具体的操作中，向组合增加投资时，选择近期表现落后于大盘的行业。该原理与"调整投资组合"原理一致。投资者要做的就是对行业进行研究，选择低估值并且有复苏迹象的行业进行投资。

💰 **投资短报**

掌握策略，做好指数基金投资

指数基金如同投资界的一颗圣果，优越的回报让投资者对其青睐有加，并且其本质又是"简单纯朴"，更招投资者喜爱。很多投资者都想将这颗投资界的圣果紧握在自己手里，但是能不能握好，就没有那么简单了。

握好指数基金是一回事，做好指数基金投资又是另一回事。面对市场上琳琅满目的指数基金，投资者要从何抓起才能找到心仪的圣果呢？那么"五看"指数基金就是基本功了。具体内容如下。

一看跟踪标的。指数基金的投资目标是要获得与跟踪指数一致的收益，所以，面对一只指数基金时，看跟踪标的至关重要。

二看规模。对于完全复制型基金来说，规模越大越好，增强型基金还要看看基金经理的能力。

三看跟踪误差。指数基金是在被动地跟踪指数，跟踪误差越小，代表基金经理的管理能力越强。

四看费率。一般指数基金相较于其他基金有更低的费率。如果是追踪同一个目标指数的指数基金，其业绩很难拉开差距；如果是长期定投，那么不同基金每年的费率差就是影响投资的重要因素。

五看基金公司的实力。基金公司实力越强，对指数基金跟踪基准指数的分析和研究就越深入，那么其投资水准也就会越高。

投资者在投资指数基金的过程中，除了选择指数基金品种时的这"五看"之外，还需要坚持以下策略。

1. 价值投资策略

说到价值投资，就不得不提 PE 和 PB。这两个估值指标有其各自的用途，具体内容见表8-8。

表 8-8　PE 和 PB 的用途及注意事项

分类	用途	注意事项
PE	在理想状况下，PE 越低，投资者越能以更低的成本获得相应的资产，从而以较少的资金获得更多的收益，在较短时间内收回成本	使用 PE 时，首先要对股票的质地进行考察。蓝筹股公司股票的市盈率更低一些，周期性行业股票的市盈率更高一些
PB	在理想状况下，PB 较低的指数，其投资价值会更高；反之，投资价值较低。对于单个指数，可以等待 PB 处于较低状态时买入	PB 对短线操作的意义不大，比较适合用在长期情形中。如果资产价格不稳定，那么 PB 就失效了

2. 成本最优投资策略

投资者挑选指数基金时，如果目标是跟踪同一标的的指数基金，那么在基金规模相差不大的情况下，投资者要尽量选择费率较低的指数基金。此外，还要注意交易费，如申购费、赎回费、销售服务费等。

面对指数基金挑选工作，投资者要按照自己的计划来进行。做指数基金定投时，要尽量坚持长期投资（2～6 年），这时候最好选择 A 类份额基金。A 类份额基金通常是通过互联网平台发售的，可以享受一些折扣，例如持有期限超过两年之后，赎回费就可以免除。对于做短线交易的投资者来说，1 年内可能要做很多次波段操作，这时候 C 类份额就是最好的选择。C 类份额是按日计提服务费的，如果持有 1 个月，有些 C 类份额还会免除申购费。投资 C 类份额时，投资者要对其费率结构进行了解。

3. 稳健性投资策略

我们会碰到这样的情况：一组指数基金跟踪的是同一标的，但收益差别却很大。为什么会出现这种状况呢？事实上，这与以下几个因素有关。

（1）各家机构的估值不同，导致组合中停牌股票的估值存在差异。

（2）调整标的指数时，基金经理对组合调整的速度和时间有差异。

（3）规模不同时，多只股票的买卖难易程度也会对投资组合的交易成本有影响。

（4）大额申购赎回。

（5）管理机构的投研能力。

要想保持稳健性的投资策略，投资者就要对跟踪特别在意，跟踪误差越小的指数，收益越好，长期投资更有保证。

4. 宽基指数投资策略

对上证50指数、沪深300指数、中证500指数、创业板指数等宽基指数进行投资时，根据经验可以发现，这四个指数很难同时做多，而且要想做得更好，就需要按照市场风格进行有效配置。

（1）当价值投资占上风，市场呈现价值风格时，配置沪深300指数比较好的选择。

（2）当市场呈现风格偏向于大蓝筹时，应该配置上证50指数。

（3）当市场呈现板块轮动特征时，配置中证500指数可以较好地把握行情。

（4）当市场呈现明显的成长风格时，就该配置创业板指数。

5. 全球资产配置投资策略

指数基金在全球的投资界占有重要的地位，在全球的基金市场中，各自都有代表性的指数基金。

中国内地市场：沪深300指数＋中证500指数——中国内地最具竞争力的800家优秀大中型企业。

中国香港市场：恒生指数——代表香港经济发展的50家企业。

美国市场：标普500指数——代表美国市场的主要指数。

目前，中美市场之间的相关性较低：美国经济面临问题时，我国经济受不到影响；我国经济处在熊市时，美国经济可能已经开始复苏了。所以利用全球市场之间的差异，投资者还可以在全球范围内进行资产的配置。当投资者投资一只能够代表某个国家的指数时，也就是投资这个国家的经济。在全球范围内进行资产配置，一般会有如下优势，如图 8-12 所示。

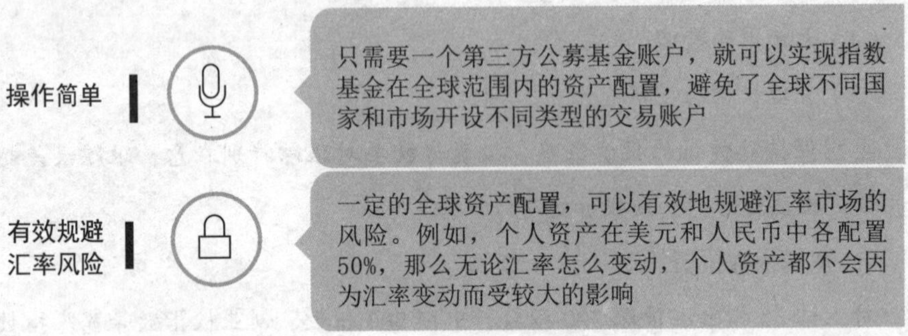

操作简单 | 只需要一个第三方公募基金账户，就可以实现指数基金在全球范围内的资产配置，避免了全球不同国家和市场开设不同类型的交易账户

有效规避汇率风险 | 一定的全球资产配置，可以有效地规避汇率市场的风险。例如，个人资产在美元和人民币中各配置50%，那么无论汇率怎么变动，个人资产都不会因为汇率变动而受较大的影响

图 8-12　全球范围内进行资产配置的优势

指数基金投资策略多种多样，每一位投资者都可以根据自己的资产规模、风格偏好、投资能力等在合适的时间采用相对应的策略，这样会让投资的效益更高。

第九章

多管齐下，做好指数基金管理工作

精明的商家可以将商业意识渗透到生活中的每一件事，甚至是一举手一投足。充满商业细胞的商人，赚钱可以是无处不在、无时不在。

——李嘉诚

本章就指数基金投资的路径进行规划，指导投资者明确自己的投资思路，做好收益的预测，理解投资组合理论，确定自己的财务目标，通过各种途径寻找锦囊妙计来抓住各种交易机会，从而让自己的投资活动进展得更加顺利。当然，投资活动的进行，离不开投资者自身资产的配置以及买卖环节的有效把握。投资虽存在风险，失败有时也避免不了，但是投资者若能确定合理的目标，妥善管理自己的资金，那获得投资回报也是轻而易举的。

勾画投资思路，选择指数基金做投资

投资是一种理性地与自有资产和未来收益打交道的事。投资有完整的思路与过程，透彻地理解投资的深层含义，从宏观上把握投资是每一位投资者的基本能力。

在一个完整的指数基金投资过程中，投资者要经历投资前、决策时、持有中、赎回、赎回后这五个步骤，具体内容如图9-1所示。

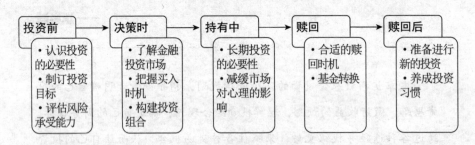

图9-1　完整的指数基金投资过程

投资前：要做好准备工作

在投资前，投资者的充分准备是必不可少的。做足投资准备，才会有"磨刀不误砍柴工"的效果。

（1）认识投资的必要性，经济虽然快速发展，但是通货膨胀从来没有停止过，学会投资是资产保值增值的首选。

（2）根据自己的实际情况，制订适合自己的投资目标。不管投资者出于什么样的目的进行投资，都需要清晰地认识自己的投资目标。

（3）对自己的风险承受能力进行评估。了解自己的风险承受能力对投资者后续的投资至关重要，这样投资者才能够选择出自己可接受的目标基金做投资。

决策时：做买入决策要细致

投资者决定投资基金时，需要做好以下工作。

（1）进一步了解金融市场。基金投资虽然是间接投资，但是投资方式、买卖时机、投资额度和投资时间对成功投资起着重要作用，因此投资者要加强对金融市场的关注度。

（2）在了解金融市场的基础上，根据经济周期的变化，对市场走势进行判断，依据掌握的相关分析技术进行行情的分析研究，找到合理的买入时机。

（3）构建投资组合时，要从组合的风格和单只基金的表现两方面着手，具体内容如图9-2所示。

01 构建投资组合时，要确定自己的购买类型、投资风格，并分析各种类型和风格在基金组合中所占的比例，这样就完成了某一类型和某一风格基金的选择

02 在选某一只基金时，要花更多的精力在基金的业绩、风险、风格、规模、历史、费率、管理人等信息上。这样综合考虑之后，才可以做出完美的购买决策

图9-2 构建投资组合的着手点

持有中：心理建设至关重要

当进入基金持有时期时，投资者将会面临很大的心理挑战。例如，面对基金亏损时，无论是账面亏损还是实际亏损，都会对投资者的心理产生不同程度的影响。在这种心理因素的影响下，投资者长期持有的信念可能会松动，尤其是当行情下跌时，投资者赎回的冲动更明显。因此，面对这种情况，投资者最好屏蔽一些市场波动的信息，将这些信息对自己的干扰降到最低。

赎回：一定要选择合适的时机

不管出于什么样的理由，投资者决定赎回时，一定要选择一个合适的时机，这样才能让自己的回报更高一些。赎回时机怎么找呢？有这样两个方向：一是根据市场变化，在行情下跌之前赎回；二是在不同类型与风险的基金之间调整基金组合时，选择基金转换，就能够有效节省成本。

基金转换是避免基金赎回产生损失的一条途径。目前，每一家基金公司的可转换基金产品、费率优惠幅度有所不同。

赎回后：做好新投资准备

基金的赎回完成之后，一个完整的投资过程就算完成了。这时候，投资者似乎进入了投资的休息期，但同时这也是下一个投资的开始期。在此阶段，投资者可以根据已经结束的投资总结经验，研究新的基金产品，为接下来的新投资做好准备。

资产保值是一个循环往复的过程，只有不断地进行再投资，资本的活力才会被激发，资本的价值也就会随着投资的持续而不断增加。

做好收益预测，把握未来收益趋势

对资本市场的回报率进行预测，是投资过程中的一项重要操作。预测的结果不一定准确，但是预测可以让投资的方向变得更加明确。也就是说，预测能让投资者确定一项投资值不值得进行。

预测的依据是历史数据，这些历史数据既包括技术面的数据，又包括基本面的数据。这些历史数据，能够为未来的市场走势提供一些线索。最接近预测的投资是最好的，但是预测还需要一个保守的范围。

指数基金收益预测的基础

在投资界，我们将预测的目标区间界定为 30 年。在这 30 年的时间中，市场才能很好地完成几轮牛熊市更替，并体现出一定的规律性。虽然很多股票的上市年限还不到 30 年，但是 30 年这个参考值可以给我们很多启发。那就是预测的数据历史要尽量长，这样就能对牛熊市的出现及持续时间有更明确的把握，投资者就能更好地确定自己在什么时候进入市场才能抓住牛市。

从长期来看，股票的风险会高于债券，同时股票的预期收益也会高于债券。当然，股票市场的风险与收益也是高于货币市场的。高风险对应着高收益，这样的话，在股票市场能获得更高的收益。实际上，高收益的衡量还与名义收益率和实际收益率这两个因素有关。

（1）名义收益率，指已经公布于市场的回报率，是金融工具的票面收益与票面金额的比率。

（2）实际收益率，指名义收益率扣除通货膨胀率之后的收益率。

在这两个市场回报率中，最关键和最重要的是实际收益率。实际收益率的高低决定着投资回报的最终结果，它将物价上涨对收益的影响剔除，而我们进行投资，在一定程度上是为了避免通货膨胀让资金价值折损。

例如，某项投资的年化回报率是 7%，但是当年的通货膨胀率为 5%，那么真实的回报率仅有 2%，事实上比 2% 更低，因为这里面还包含着收益扣税。

市场回报率的历史驱动

本杰明·格雷厄姆有这样一句话："从短期来看，市场是一台投票机；但从长期来看，市场是一台称重机。"短期是价格的角逐，市场价格甚至出现不规律的波动；长期是价格的走势积累，能将价格更加清晰地表现出来。

要对指数的价格进行研究，也就是要了解股票或债券的走势，只需要从历史数据着手。在历史数据中，不管是名义收益率、实际回报率，还是通货膨胀率，它们的真实性都会变得更加准确。

市场回报率的高低，也少不了一些重要的驱动因素。

1. 风险是市场回报率的驱动因素

市场回报率的确定，离不开风险的衡量。衡量风险最常用的数据是标准差。标准差用来表达市场上的平均价格波动，但不能表达风险的极限水平。但是市场的风险比回报率更稳定，更具有可预测性，因此就可以对承担风险的回报率进行预测。

在实际中，我们通常以短期国债风险为基础对预期回报率进行预测。短期国债一般是一种零风险投资，那么对其他投资回报率进行预测的时候，我们就需要让短期国债的收益率先减去通货膨胀率得到实际收益率，然后再在短期国债实际收益率的基础上增加一个风险溢价[①]，这样就得到了其他资产的实际回报率。

2. 经济增长是金融市场发展的驱动因素

投资是在金融市场进行的活动，而金融市场的状况又与经济增长相关联。所以要对未来收益做预期，还需要从经济增长的角度来采取行动。具体来讲，

---

① 通俗来讲，就是高风险产生高收益。

我们首先需要用经济增长对公司未来的收益进行预测，然后加入市场股息收益率，再对估值的变化或人们放在首位的价格进行调整。

（1）经济增长带动收益增长。要对公司的预期收益增长进行衡量，就需要对宏观经济活动的走势进行研究。宏观经济活动的衡量指标是 GDP，那么定位到一家公司，其收益的增长应该与 GDP 的增长趋于同步。

（2）现金股息的支付。在经济较好的时期，现金股息的发放会减少，因为人们都希望利用大好机会让股息进行再投资，所以可能会看轻现金股息。

（3）投机行为带动市盈率变化。投机行为对股价的影响要远远高于股息率的变化。例如，当投资者认为公司的收益增长将快于或高于市场平均水平时，股价就会在这种投机行为的促使下大涨。如果最后发现公司的股票没有收益，那么股价又会进入大跌。故从长期来看，投机没有意义。

（4）投资回报一定要高于通货膨胀。这是投资者对投资收益进行预期的基本。任何投资产品中都包含了通货膨胀，在对投资收益做预期时，通货膨胀这一要素不可忽视。

从在线投资顾问处寻找锦囊妙计

基金在线投顾业务是随着投资者的回报困局而产生的。很多投资者发现，虽然市场整体是赚钱的，但自己是经常亏钱的。投资者对这样的回报矛盾感到很困惑，他们希望有更加有效的投资建议来解决这种回报困局。于是，很多在线投顾业务诞生。在线投顾为投资者提供的在线服务主要是投资建议。当然，这些建议的支持基础就是电商技术、大数据技术等，使投顾服务模式化、产品化，让投资者根据在线投顾的建议进行投资决策。

在线投顾服务中的黑、白盒策略

在线投顾服务一般分为两类。一类是有形的，投资者可以购买，然后通过互联网将产品呈现出来，给投资者提供相应的基金投资解决方案的服务。它可以帮助投资者解决烦琐投资过程中的困扰，适合想省心、省力做投资的人。一类是无形的，也就是可以嵌入交易流程里面的投顾服务，很难被察觉，主要作用是给投资者的交易决策和交易提供辅助的关键信息，帮助投资者做出投资交易的关键一步。这种服务模式在那些自主负责投资决策的投资群体中更实用。

无形投顾服务只是以建议的形式出现在投资交易的过程中，因此很难被察觉，我们重点关注的是有形的在线投顾服务——黑盒策略、白盒策略。

（1）黑盒策略。投资策略非公开透明。只会指明投资的方向，具体的投资动作还需要根据市场状况进行决策。投资者要是认可这个投资方向，就可按投资经理的要求决定是否进行调仓。

（2）白盒策略。投资策略透明、清晰。投资者只要认可这种策略，就可以按照这种方式在后续的投资过程中下单、调仓。

总的来说，黑盒策略主要是依据组合提供方的投研能力或信息等进行投资决策，白盒策略则是利用市场上公开的信息及清晰透明的投资逻辑，来实现基金组合投资。

白盒策略在投资中的应用

在国内的投资界，白盒投资策略更具有实用性。在指数基金的投资中，我们运用白盒策略时，需要先认识白盒策略的构建思想——五个收益来源，包括大类资产配置、风格轮动、行业比较、个基交易、因子重组。

1. 大类资产配置

大类资产配置旨在帮助投资者解决资产配置的问题。它的调仓规则非常简单清晰，即先制订一个股票、债券、货币资产之间的初始配比。如果这个配置中的某类资产在其他时候涨多了，导致配比比例失衡，这时候它可以根据初始配比自动调回来。

例如，天弘基金推出的"均衡篮子"，它只配置了股票资产和债券资产，初始配比为2∶8，该策略目前使用了天弘中证500指数基金和天弘永利债基，分别配置股票资产和债券资产。在每个交易日收盘后，系统会自动对投资者的持仓进行检验，如果有配比不合理的现象出现，就会在当日进行约定转换，使得股票与债券资产的配比恢复到2∶8。

2. 风格轮动

风格轮动旨在帮助投资者抓住资产风格轮动的时机。例如"二八轮动"策略，即20%的股票涨，80%的股票不涨或下跌。根据市场变化，大盘股和小盘股会有明显的变化，投资者借此就可以捕捉不同资产的获利能力。

风格轮动策略以沪深300指数为大盘风格指数，以中证500指数为中小盘风格指数，以货币基金为无风险资产。在我国基金市场中，"二八轮动"策略还是比较实用的，这种策略下的年化收益率一般会高达30%。

3. 行业比较

行业比较旨在帮助投资者抓住不同行业的获利机会。股市上不同行业的景气程度不同，这样适合投资的时机和时点也就有所差异。捕捉行业轮动，同样可以抓住获利机会。

例如，"蛋卷斗牛八仙过海"策略，是雪球和招商基金共同推出的以行业轮动为核心的投资策略，其在行业选择上采用的是行业的发展趋势判断，因此会从地产、银行、大众商品等八个指数中挑选出三个进行投资。

4. 个基交易

个基交易旨在帮助投资者解决投资个基的择时（识别指数价格的拐点）问题。

例如，天弘基金曾推出过基于个基择时的白盒策略——Smart Money。该策略主要是通过分析 A 股市场微观交易结构的变化来识别指数价格的交易拐点。

5. 因子重组

因子重组旨在通过组合出市场 β 以外的 β 因子，来获取优于普通指数的风险收益。

例如，2017 年，天弘基金推出基于低波动率的因子的"六核驱动"策略，投资标的是六个行业指数基金，每个指数基金在组合中的权重是其波动率五次方倒数的占比。这样的话，波动率越小的行业指数占比越大，波动率越大的行业指数占比越小。

理解资产组合理论，分散投资风险

如今，资产组合思想已经深入投资者的头脑。但资产组合不是简单地将资产组合在一起，也不是简单地将资产分散到各个地方。资产组合的初衷是为了获得更大的投资收益，因此，资产组合的配置就要求能够有效降低投资产品的风险。

现代投资组合理论

投资组合理论的先驱是马科维茨，马科维茨在自己的论文中提到："为了获取更高的回报率，金融风险是必须承担的；而且可以通过适当的分散化来减少投资组合的风险。"同时，马科维茨也提到："与如何使整个资产组合相匹配以达到积极的效果相比，单个产品的投资风险并没有那么重要。"在如今的投资当中，运用投资组合理论的根本目的是，在资本市场的资产分类中找到可以正确组合起来运用的资产，让这样的资产在低风险状况下实现高回报。

在现代投资组合理论中，多元化的投资能够让投资的回报率呈现一定的变化规律。例如，我们在一个债券型的投资组合中加入股票时，其投资回报率在开始的一段时间内会有很大的变化，上升明显；当组合中的股票和债券分别达到 50% 时，组合的回报率优势最明显；随着股票比例的增加，也就是当组合中股票比例超过债券比例时，组合的回报率优势开始减弱。投资者需要注意的是，这只是说组合中的股票比例超过 50% 时，组合的回报率优势开始减弱，并不能说明投资者不可以让组合中的股票超过 50%。

在现代投资组合理论中，还有再平衡的环节。例如，一个组合中的初始股票资产与债券资产之比为 7∶3，当投资期结束之后，就需要对组合进行一次再平衡，也就是让组合中的股票资产与债券资产的比例重新恢复到初始的 7∶3。再平衡虽然不会立即产生效果，但是经验表明，在几年中坚持一个稳定的再平衡策略能够增加投资组合的收益，同时还能让风险显著降低。

投资组合中的相关性

在投资组合管理中，最难的不是提高组合的回报率，而是在提高回报率的同时还能降低组合的风险。对于这个挑战，就需要靠组合中低相关性的资产来完成。

在投资组合中，资产之间的相关性越低的组合才算是多元化的投资组合，能将资产组合中的风险分解得更低。

投资组合中的资产如果是零相关，这样的投资组合才是理想的投资组合。例如，图 9-3 中的投资品 C 和投资品 D，它们就是完全负相关的投资组合，如果它们的走势一致，就是正相关了。

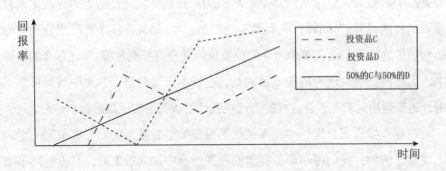

图 9-3　投资组合的相关性与回报率

投资者还需要注意，过去的相关性只代表过去，不代表未来，这是因为资产类别回报率、资产类别相关性等是不稳定且迅速变化的，过去的相关性是对未来相关性的一种暗示。

多种类别的投资组合

在低相关性确定的条件下，投资组合中资产类别越多，组合的回报率就会越好，也就是说这个组合更加有效。如果在这样的基础上继续增加一些资产类别，那么风险会降低得更多，但是回报只在原有的有效边界增加少许。这是多种资产类别投资组合理论的主要内容，该理论要求将未来低相关性的资产类别组合在一起。要对多种类别的投资组合理论进行应用的话，需从以下一些准则出发。

（1）要找到彼此之间呈低相关性、负相关性或长期反向相关性的资产类别很困难。

（2）经济危机期间，类似资产类别之间的相关性会增加，这时的分散投资可能不会起到太大的作用。

（3）过去的相关性起指导作用，但不是绝对的，资产类别之间的相关性会不断变化。

（4）任何资产配置模型都不是绝对的，有效边界和投资组合都是基于对历史数据的预期而建立的，未来变化是不确定的。

现代投资组合理论是我们构建新投资组合的基础和指导。为了有效管理指数基金的投资组合，对每种资产类别的风险进行测算是必不可少的；而且新的投资组合构建也是基于对历史数据的研究，历史数据可以为未来投资组合的构建提供一些重要的线索。

确定财务目标，投资过程才能收放自如

财务目标，说白了就是财务安全，财务安全就是没有财务负担。没有人愿意背负沉重的财务负担生活着。那么，为了解决财务安全这个目标，我们就需要投资，利用投资让自己的财富积累起来。这样，投资者就可以利用自己投资取得的资金完成自己的一些生活计划，例如买房、买车、旅游、支付子女教育费用、安排退休生活等。当然，要先有各种各样的计划，然后才有计划的执行。但是这些计划的完成，需要投资者对自己的资金做好合理的规划，清晰认识自己的财务状况。

了解投资风险，做好掌控工作

投资者已经非常清楚投资会面临各种各样的风险，投资过程中的风险是避免不了的，投资组合中存在风险也是正常之事，只是风险过高会让投资回报率更低。而且投资者如果承受了太多的投资风险，就有可能过早放弃投资。所以投资者在为自己的财务安全目标奋斗时，一定要确认自己对风险持有什么样的态度，以及自己对风险的掌控能力。

投资者面对风险时的承受能力，在投资过程中至关重要，这就要求投资者一定要对自身有足够的了解，对自己的风险承受水平进行评估。

当然，有些投资风险也是可以规避的，例如构建更加平衡有效的投资组合，这是投资者主动出击进行的风险化解。要投资，也需要一些冒险精神，当然，投资者如果不愿意去冒更大的风险，也可以在自己可以承受的风险范围内进行投资。

我们说投资者可以对投资过程中的一些领域进行控制，例如投资成本和投资风险。

（1）对投资成本的控制。在投资组合中，投资成本控制是最容易实现的。

①在投资组合中，购买交易成本最低的标的资产。

②选择成本更低的指数基金。

③在有折扣的基金公司购买基金。

（2）对投资风险的控制。这就需要投资者对投资组合中的股票指数和债券指数基金之间的分配比例进行调整，风险越低，财务越安全。

一般地，投资组合中持有的短期债券指数越多，风险就会越低。

对于这些可控的因素，在投资过程中，投资者要尽力去掌控。当然，投资过程中也有很多不可控因素，例如经济、市场、政治局势、法律等，这些因素是所有投资者要承担的，也是无法控制的。所以投资者只要能对自己投资组合中的投资成本和投资风险进行控制就可以了。

五步确定自己的投资计划

要想完成自己的财务目标，投资者就需要制订一个合理的、有操作性的投资计划。例如养老计划，这是很多投资者都比较关注的一个投资方向。这里我们就来了解一下如何做一个万全的养老计划。一般来说，一个养老计划的制订需要以下五步。

第一步，设定目标：退休后自己的生活需要多少资金。

第二步，通胀调整：超额回报率中加入未来可能存在的通胀率。

第三步，必要的投资回报：利用计算工具求出必要的投资回报率。

第四步，资产配置决策：利用预期收益，建立可靠的资产组合比例。

第五步，评估投资组合的风险：根据风险承受能力对投资组合进行评估。

这里的投资计划制订类似于指数基金定投计划的设计，所以投资者可以根据自己的财务目标，结合上述养老计划的确定步骤，再参考第七章中讲到的指数基金定投计划的设计，对自己的养老资金投资计划进行设计。

投资计划中的资产配置问题

对于投资过程中的资产配置，很多投资者都会遇到一些困惑，他们可能会将自己的资产配置设计成激进型，也可能将自己的资产配置设计成保守型。不管怎么样，我们都希望投资者不要将自己的投资组合风险设计得超出自己的承受范围。因为投资一旦超出自己的风险承受能力，投资者在熊市中就会非常不安，总想寻找机会挣脱损失风险，于是会不断地择时，最终，在市场底部，投资者迫于风险压力的增加，不得不抛售手中的资产。

投资者做投资选择时，要进行压力测试，不要轻易放弃自己手中的投资组合，必要的时候，还需要注入资金或者进行结构调整，以使资产组合达到一种更稳定的状态。一般来讲，最好的投资组合就是在任何市场条件下，投资者都能够保持投资组合的原有比例。

💰 **投资短报**

生命周期理论对投资者资产配置的指导

在一个人的生命当中，真正进行投资的时间并不长，而一些很早就开始树立投资理念的人，他们的投资年限则会长些，有 30 ～ 40 年。跟随生命周期的变化，投资者的投资进程也会表现出不同的形式。

当生命周期理论与投资相结合起来时，投资似乎变得有了艺术性，不再只是资本的增值、钱生钱那么简单了。

生命周期理论涉及的范围非常广，但是我们更在意的是其在心理学上的表述：人的生命周期和家庭的生命周期，指人的出生、成长、衰老、生病和死亡过程。

同样，在政治、经济、环境、技术、社会等领域也存在生命周期，只是表现形式不同。这里我们就从心理学上的生命周期理论出发，来对人在生命进程中的资产配置进行了解。这样的话，就形成了资产配置的生命周期理论，也就是个人作为独立经济体的收入与支出问题。

就一般的投资者而言，其生命要经历这些历程：青年期→中年期→老年期。具体来说，自出生到开始工作的这段时期称为青年期，这段时期内他们几乎是没有收入的，全部都是支出，也可能是刚刚开始工作，还可能需要父母补贴才可以维持生计。从 28 岁左右开始，收支逐渐进入收入大于支出的状态，这个时期就是中年期。中年期会一直持续到投资者退休，也就是 60 岁左右，这也是每一位投资者实现财富积累的阶段，很多投资者会随着收入的增加购买房产，进行理财产品的投资。而做这些的目的，就是为老年期做好准备。退休后，投资者就进入了老年期，这时候投资者的收入会大幅下降，他们开始利用之前的积累进行养老生活。

很多投资者最开始做投资时，可能只是单纯地希望能够积累财富，但实际上，中年期积累的财富，都是在为老年期做准备。而且只有在中年期将自己的财富进行有效地投资，老年期的生活才会更加有保障。这就是生命周期理论中的资产配置，顺应生命周期的变化，配置资产进行投资。

与其他投资工具相比，股票一直是收益最高的投资产品。如果投资者在中年期投资股票，在未来的二三十年收益肯定会更高。但是有这样一个问题，那就是股票的波动率更高，很难长期持有，并且不同年龄阶段的投资者对股票的风险承受能力也不同。例如，中年期的前段时期，投资者对高风险理财产品更加偏爱，也将更多的资金用在高风险理财产品的投资上，这个时候进行股票资产的投资是非常可取的投资方法。而随着年龄的增加，投资者对风险的承受能力会越来越弱，逐渐从股票投资中转移出来，进行债券等其他投资。到了老年时期，投资者开始享受自己中年时期积累的财富。

投资者对生命周期理论下的资产配置有所了解之后，就需要对自己生命过程中的资产进行合理规划，那样投资者老年时期的生活会更轻松。

当然，养老需要多少钱，养老资产配置应该什么时候开始布局，这些也与个人的生活需求层次有关，需求越高，越要为养老金的配置早做准备。

附 录

新基民入门基金市场必备的基础知识

认识基金及其分类

1. 什么是基金?

从资金关系来讲,基金是指专门用于某种特定目的并进行独立核算的资金。

从投资性质来讲,基金是指通过发售基金份额,将众多投资者的资金集中起来,形成独立财产,由托管人托管,基金管理人管理,以投资组合的方法进行证券投资的一种利益共享、风险共担的集合投资模式。

2. 什么是投资基金?

投资基金,就是按照合同投资、共享收益、共担风险的基本原则以及股份有限公司的某些原则,运用现代化信托关系机制,以基金方式将各个投资者彼此分散的资金集中起来,以实现预期投资目的的投资组织制度。

专家理财是基金投资的重要特色。基金管理公司的投资专家一般都具有深厚的投资分析理论功底和丰富的实践经验,以科学的方法研究股票、债券等金融产品,组合投资,规避风险。

相应地,基金管理公司每年会从资金资产中提取托管费,用于支付公司的运营成本。另外,基金托管人也会从基金资产中提取托管费。

3. 什么是证券投资基金?

证券投资基金是一种利益共享、风险共担的集合证券投资模式,即通过发行基金单位,集中投资者的资金,由基金托管人托管,由基金管理人管理和运用资金,从事股票、债券、外汇、货币等投资,以获得投资收益和资本增值。

4. 证券投资基金的功能是什么？

证券投资基金的主要功能是分散投资，规避个股的风险，同时分享投资的成果。基金投资者依其所持基金份额的多少享受证券投资的收益，同时也要承担投资亏损的风险。

（1）分散投资。基金是由专家精心挑选，投资于不同的股票、债券、基金、外汇、货币等的金融工具，具有分散投资的功能。

（2）规避个股的风险。基金注重股票的成长性，它更多地遵循追求业绩稳定的传统类行业及企业的选股理念，这是一种较为安全的防御型持仓机构，可以有效规避个股风险。

（3）分享投资的成果。中国证券市场正在经历着由资源重组所引导的一轮结构化牛市的到来，市场具有长期的上涨空间，基金将会沿着这一主线广泛而深入地发掘，帮助投资者享受证券市场内生增长所带来的繁荣。

（4）稳定功能。基金对证券市场的稳定功能，主要是指基金一般是长期投资，投资者更看重中长期的投资收益，不博取一时之暴利，这在客观上有利于股票市场的稳定。

5. 基金类型是如何划分的？

根据不同的划分标准，基金分为以下几种类型。

（1）按投资对象的不同，可将基金分为股票型基金、债券型基金、货币市场型基金、混合型基金、指数型基金等基本类型。就这些基金类型的风险而言，股票型基金的风险最高，混合型基金次之，债券型基金和货币市场型基金最低。

①股票型基金：指将 60% 以上的基金资产投资于股票的基金。股票型基金是最主要的基金品种，包括优先股型基金和普通股型基金。

②债券型基金：指将 80% 以上的基金资产投资于债券的证券投资基金，其规模稍小于股票型基金。债券型基金属于收益型投资基金，一般会定期派息，具有低风险且收益稳定的特点，适合于想获得稳定收入的投资者。

在整个投资组合中，债券型基金扮演着"护身符"的角色，避免资产收益大幅波动。由于全球股市平均每 4～5 年就会面临一段较大的回档循环期，而债券型基金因为具有"配息收益稳定"与"反股市走势"的特性，因此，投资债券型基金可以降低投资组合的波动性，并且稳定报酬收益。

③货币市场型基金：指发行基金证券所筹集的资金主要投资于大额可转让定期存单、银行承兑汇票等货币市场工具的证券投资基金。

④混合型基金：投资于股票、债券和货币市场的基金，并且股票投资和债券投资的比例不符合股票型基金、债券型基金规定的投资比例。

⑤指数型基金：一种按照证券价格指数编制原理构建投资组合进行证券投资的基金。从理论上来讲，指数基金的运作方法简单，只要根据每一种证券在指数中所占的比例购买相近比例的证券，长期持有即可。

（2）按投资理念的不同，可将基金分为主动型基金和被动型基金。

①主动型基金：指基金管理人可以依据基金契约自由选择投资品种，是一类力图超越基准组合表现的基金，它更体现基金管理人的运作水平及其背后的投资研究团队的能力。

②被动型基金：指不主动寻求超越市场的表现，而是试图复制指数的表现，并且一般选取指数作为跟踪对象，因此通常又被称为指数型基金。

一般而言，主动型基金比被动型基金风险更大，但取得的收益也可能更大。

（3）按基金规模是否随时变化，可将基金分为封闭式基金和开放式基金。

①封闭式基金：指事先确定发行额，在封闭期内基金单位总数不变，基金上市后投资者可以通过证券市场转让、买卖基金单位的一种基金。

②开放式基金：指发行总额不固定，基金单位总数随时增减，投资者可以按基金的报价在国家规定的营业场所申购或者赎回基金单位的一种基金。

（4）按组织形态的不同，可将基金分为公司型基金和契约型基金。

①公司型基金：指具有共同投资目标的投资者，依据《中华人民共和国公司法》组成以盈利为目的、投资于特定对象（如各种有价证券、货币）的股份制投资公司。基金持有者既是投资者，又是公司的股东。

②契约型基金：又称为单位信托基金，是投资者、管理人、托管人三者作

为基金的当事人，通过签订基金契约的形式发行受益凭证而设立的一种基金。

契约型基金是基于契约原理而组织起来的代理投资行为，没有基金章程，也没有公司董事会，而是通过基金企业来规范三方当事人的行为。基金管理人负责基金的管理操作。基金托管人作为资产的名义持有人，负责基金资产的保管和处置，对基金管理人的运作进行监督。

（5）按投资理念或收益目标的不同，可将基金分为成长型基金、收益型基金和平衡型基金。

①成长型基金：指主要投资于资本和收益的增长均高于平均速度的企业基金。基金经理谋求的是最大资本增值，而不是股利收入。

②收益型基金：指主要关注股利收入，投资于公用事业、金融业及自然资源业等带来丰厚股利收益的企业股票的基金。这种基金从理论上讲比市场总体更稳定，采用的股票投资方法风险较低，一般也投资于债券。

③平衡型基金：指同时投资于成长型股票和良好股利支付记录的收入型股票的基金，其目标是获取股利收入、适度资本增值和资本保全，从而使投资在承受相对较小风险的情况下，有可能获得较高的投资收益。

平衡型基金适合那些既想得到较高股利收入，又希望比成长型基金更稳定的投资者。

（6）根据基金买卖时销售费用的不同，可将基金分为收费基金和不收费基金。

（7）根据投资货币种类的不同，可将基金分为美元基金、日元基金、欧元基金等。

（8）根据资本来源和运用地域的不同，可将基金分为国际基金、海外基金、国内基金以及国家基金和区域基金。

除了上述类型外，还有几种特殊类型的基金，分别是 ETF 基金、LOF 基金、QDII 基金、对冲基金。

①ETF 基金：ETF 英文全称是 Exchange Trade Fund，中文译为"交易型开放式指数基金"，又称交易所交易基金。ETF 是一种在交易所上市交易的开放式

证券投资基金产品，交易手续与股票完全不同。ETF 管理的资产是一篮子股票组合，这一组合中的股票种类与某一特定指数（如上证 50 指数）包含的成分股票相同，每只股票的数量与该指数的成分股构成比例一致。ETF 交易价格取决于它拥有的一篮子股票的价值，即"单位基金资产净值"。ETF 的投资组合通常完全复制标的指数，其净值表现与对应的指数高度一致。比如，上证 50ETF 的净值表现就与上证 50 指数的涨跌高度一致。

②LOF 基金：LOF 的英文全称是 Listed Open-Ended Fund，中文译为"上市型开放式基金"，在国外又称为共同基金。其产品特性与一般开放式基金没有区别，只是在交易方式上增加了二级市场买卖的新渠道。

③QDII 基金：QDII 的英文全称是 Qualified Domestic Institutional Investor，中文译为"合格境内机构投资者"。它是在境内设立，经有关部门批准，从事境内外证券市场的股票、债券等有价证券业务的证券投资基金。

④对冲基金：英文名称为 Hedge Fund，起源于 20 世纪 50 年代初的美国。当时的操作宗旨是利用期货、期权等金融衍生品以及对相关联的不同股票进行空买空卖。风险对冲操作技巧在一定程度上可规避和化解投资风险。

基金投资的优势

投资基金的优势主要有以下几点。

1. 专家管理

基金管理公司配备的投资专家，一般都具有深厚的投资分析理论功底和丰富的实践经验，以科学的方法研究股票、债券等金融产品，组合投资，规避风险。相应地，一方面，每年基金管理公司会从基金资产中提取管理费，用于支付公司的运营成本；另一方面，基金托管人也会从基金资产中提取托管费。此外，开放式基金持有人需要直接支付的费用有申购费、赎回费及转换费。上市封闭式基金和上市开放式基金的持有人在进行基金单位买卖时要支付交易佣金。

2. 可以分散风险

证券投资基金通过汇集众多中小投资者的资金，形成雄厚的实力，可以同时分散投资于多种股票，从而分散了对个股投资的风险。

3. 基金投资非常方便，而且流动性强

证券投资基金最低投资量起点一般要求较低，可以满足小额投资者对证券投资的需求，投资者可以根据自身财力决定基金的投资量。证券投资基金大多有较强的变现能力，使得投资者收回投资时非常便利。

4. 我国对投资人的基金投资收益给予免税政策

（1）与股票相比的投资优势。

①在节税方面的优势：第一，个人买卖基金份额暂免征印花税，而买卖股票需要缴纳印花税；第二，个人买卖基金份额的差价收入以及基金分红暂免征个人所得税，而股票分红要交 10% 的所得税（1 个月 ≤ 持股时间 ≤ 1 年）。

②在操作难度方面的优势：基金净值的变动具有一定的稳定性，投资者有比较充足的时间参与和退出，操作的难度比较小。

（2）与债券相比的投资优势。债券是政府、金融机构、工商企业等直接向社会借债筹措资金时，向投资人发行，并且承诺按一定利率支付利息，并按约定条件偿还本金的债券债务凭证。最常见的债券品种是国债。由于是国家保证还本付息，比较安全。从银行网点买卖国债的手续比较简便，变现比较容易，利息收益也不用交税。一般来说，债券投资收益稳定，但是与基金相比，收益则比较低。

（3）与外汇相比的投资优势。与基金相比，外汇买卖的一些特点决定了它不如基金的普及度高：一是只有持有外汇的投资者才能进行交易；二是办理的城市及银行网点还不够多；三是专业知识要求高，需要花较多的时间进行研究。

（4）与贵金属、收藏品等投资品种相比的投资优势。金、银等贵金属的供给有限，而需求存在上涨趋势，因此在较短时期内可以保值，但这些金属价格波动很大，而且不像基金那样会产生差价收入和红利收益，因为贵金属的价格一般会随着生活费用的增加而增长。许多人认为拥有这种资产可以更好地克服通货膨胀，事实上，通货膨胀时期的贵金属价格并不一定能够同步上涨。

基金投资的收益与费用

1. 基金投资的收益

基金收益是基金资产在运作过程中所产生的超过自身价值的部分。具体地说，基金收益包括基金投资所得红利、股息、债券利息、买卖证券价差、存款利息和其他收入。追求收益是每个投资人的目标，投资者应当知道自己可以从哪里获得收益。

在基金的收益中，基金的资本利得收入在基金收益中往往占有很大比重。要取得较高的资本利得收入，就需要基金管理人具备丰富、全面的证券知识，能对价格的走向做出大致准确的判断。一般来说，基金管理人具有丰富、全面的证券知识，能掌握更全面的信息，因而比个人投资者更有可能获得较多的资本利得。

基金收益的构成包括利息、股利、资本利得。

（1）利息收入：来自银行存款和所投资的基金债券。

（2）股利收入：来自一、二级市场购股并持有而获得的收益，包括现金股利和股票股利。

（3）资本利得：来自证券买卖的差价。资本利得是基金收入中的最主要收入，是投资者在投资基金时要重点关注的。

对基金收益进行分配的前提是当年收益弥补上一年亏损后，才可进行当年收益分配。如果基金投资当年亏损，则不进行收益分配。在进行分配时，每一基金单位享有同等分配权。一般来说，每年至少分配一次。

2. 基金认购费用与申购费用的计算方法

购买基金有两种方式，分别是认购和申购。

（1）认购：投资者在基金募集期，按照基金的单位面值加上需要缴纳的手续费来购买基金的行为。

目前，国内通用的认购费用及净认购金额的计算方法是：

$$认购费用 = 认购金额 \times 认购费率$$

$$净认购金额 = 认购金额 - 认购费用$$

（2）申购：投资者在基金成立之后，按照基金的最新单位净值加上手续费购买基金的行为。

目前，国内通用的申购费用及净申购金额的计算方法是：

$$申购费用 = 申购金额 \times 申购费率$$

$$净申购金额 = 申购金额 - 申购费用$$

我国《开放式投资基金证券基金试点办法》规定，开放式基金可以收取认（申）购费用，但该费用率不能超过申购金额的5%。目前，该费用率通常控制在1%左右，并且随着投资金额的增加而相应地降低。

开放式基金收取认购费用和申购费用的目的主要是用于销售机构的佣金和宣传营销费用支出。

3. 费用的外扣法和内扣法

外扣法和内扣法是基金申购费用和份额的两种计算方法，两者的区别是：外扣法是针对申购金额而言的，其中申购金额包括申购费用和净申购金额；而内扣法针对的是实际申购金额，即从申购总额中扣除申购费用。

（1）内扣法的计算公式是：

$$申购费用 = 申购金额 \times 申购费率$$
$$净申购金额 = 申购金额 - 申购费用$$
$$申购份额 = 净申购金额 \div 当日基金单位净值$$

（2）外扣法的计算公式是：

$$净申购金额 = 申购金额 \div （1+ 申购费率）$$
$$申购费用 = 申购金额 - 净申购金额$$
$$申购份额 = 净申购金额 \div 当日基金单位净值$$

例如，投资者拿出 100 000 元申购基金，申购费率为 1.5%，基金单位净值为 1 元。如果按照内扣法计算，则：

$$申购费用 =100\ 000 \times 1.5\%=1\ 500 （元）$$
$$净申购金额 =100\ 000-1\ 500=98\ 500 （元）$$
$$申购份额 =98\ 500 \div 1=98\ 500 （份）$$

如果按照外扣法计算，则：

$$净申购金额 =100\ 000 \div （1+1.5\%） \approx 98\ 522.17 （元）$$
$$申购费用 =100\ 000 - 98\ 522.17 \approx 1\ 477.83 （元）$$
$$申购份额 =98\ 522.17 \div 1=98\ 522.17 （份）$$

从上述计算结果可以看出，外扣法可以多得 22 份左右的基金份额。所以，在同等申购金额条件下，采用外扣法计算申购份额，投资者可以多得一点申购份额，这对投资者来说显然是好事。目前，为了保护投资人的利益，根据中国证监会基金部的要求，基金公司按外扣法计算基金申购份额。

4. 基金的赎回费和转换费

（1）赎回费：指在基金的存续期间，已持有基金单位的投资者向基金公司卖出基金单位时所支付的手续费。

设计赎回费的目的主要是为其他基金持有人安排的一种补偿机制。通常赎回费中至少有 25% 归属基金资产，由基金持有人分享其资产增加。

我国《开放式投资基金证券基金试点办法》规定，开放式基金可以收取赎回费，但赎回费不得超过赎回金额的 3%。目前，赎回费率通常为 0.5% ~ 1.5%，并且随着持有基金份额时间的增加而递减，一般持有两年以上就可以免费赎回。

（2）转换费：指投资者按照基金管理人的规定，在同一基金管理公司管理的不同基金之间转换投资所需支付的费用。

基金转换费的计算方式有两种，分别是费率方式和固定金额方式。在采取费率方式收取时，应以基金单位资产净值为基础计算，但费率不得高于申购费率。在通常情况下，此项费率很低，一般只有百分之零点几。

转换费的有无或多少，具有较大的随意性，同时与产品性质和基金公司的策略有密切关系。

5. 基金管理费和托管费

在基金运作过程中发生的一些开支需要由基金持有人来承担。基金管理人管理和运作基金，需要给基金公司员工和经理人发工资，基金公司的各项设施设备等开支都属于管理费用。

为了确保资金的安全，需要委托银行等信誉度较高的机构来进行资金的托管，托管过程中所需要支付的费用属于托管费。管理费和托管费的最终承担者都是基金购买者，即投资者。

（1）基金管理费：指支付给实际运作基金资产、为基金提供专业服务的基金管理人的费用，也就是管理人为管理和操作基金而收取的报酬。

基金管理费是基金管理人主要的收入来源，基金管理人的各项开支不能另外向投资者收取。基金管理费的高低与基金的规模有关。一般来说，基金的规模越大，基金管理费率相对越低。但同时，基金管理费率与基金类别即不同国家和地区也有关系。一般来说，基金风险程度越高，基金管理费率越高。其中，费率最高的基金为证券衍生工具基金，如期货期权基金、认股权证基金等；费率最低的是货币市场基金。

目前，我国基金管理费率约为 1.5%。为了激励基金管理公司更有效地运用基金资产，有的基金还规定可向基金管理人支付基金业绩报酬。基金业绩报酬通常是根据所管理的基金资产的增长情况规定一定的提取比例。

（2）基金托管费：指基金托管人为基金托管服务而向基金或基金公司收取的费用。

基金托管费经常按照基金资产净值的一定比例，逐日计算并累计，在每月月末支付给托管人。此费用从基金资产中支付，不需另向投资者收取。基金托管费计入固定成本。

基金托管费收取的比例同基金管理费类似，这与基金规模和所在地区有一定的关系。通常，基金规模越大，托管费率越低；新兴市场的托管费收取比例相对较高。如国际上托管费率通常在 0.2% 左右，而我国则为 0.25%。

综上，基金交易的主要费用及费率见附表 1。

附表 1　基金交易的主要费用及费率

费　用	费　率
认购费	不超过认购金额的 5%
申购费	不超过申购金额的 5%
赎回费	不超过赎回金额的 3%
转换费	不超过申购费率
基金管理费	基金资产的 1.5%
基金托管费	基金资产的 0.25%

6. 前端收费和后端收费

前端收费和后端收费主要是针对基金的认（申）购费来说的。

（1）前端收费：指投资者在认（申）购基金时就缴纳费用。通常这部分费用的收费标准随着购买金额的增加而递减。

（2）后端收费：指投资者在认（申）购基金时不缴纳费用，等基金赎回时一起缴纳。这部分费用会随着基金持有时间的增长而递减。如果投资者持有基金的时间超过一定年限，还可以免交相关费用。

为了鼓励长期投资，不少基金公司推出后端收费模式，即先投资后扣费。投资者如果看好某只基金，并且打算长期持有，则采用后端收费模式要比前端模式好，因为这样可以省下不少费用。

基金信息披露

基金信息披露指基金市场上的有关当事人在基金募集、上市交易、投资运作等一系列环节中，依照法律法规规定向社会公众进行信息披露，其主要方式见附表 2。

附表 2　基金信息披露方式及说明

主要方式	相关说明
开放式基金信息披露	开放式基金信息披露内容包括招募说明书（公开说明书）、定期报告和临时报告三大类。其中，定期报告又由每日公布单位净值公告、季度投资组合公告、中期报告、年度报告四项组成。法定披露信息由基金管理人编制、基金托管人复核，并于规定时限内，在中国证监会制定的信息披露报刊网站上发布
招募说明书	招募说明书（初次发行后也称为公开说明书）指在充分披露可能对投资者做出的投资判断产生重大影响的一切信息，包括管理人情况、托管人情况、销售渠道、申购与赎回的方式及价格、费用种类及比率、投资目标、会计核算原则、收益分配方式等
公开说明书	公开说明书指基金成立后，定期公告的有关基金简介、基金投资组合公告、基金经营业绩、重要变更事项和其他法律规定应披露事项的说明
基金年度报告	基金年度报告是反映基金全年的运作及业绩情况的报告。除中期报告应披露的内容外，年度报告还必须披露托管人报告、审计报告等内容。该报告在会计年度结束后 90 天内公告
基金中期报告	基金中期报告反映基金上半年的运作及业绩情况，主要内容包括管理人报告、财务报告、重要事项提示等。其中，财务报告包括资产负债表、收益及分配表、净资产变动表等会计报表及附注，以及关联事项的说明等。该报告在会计年度的前 6 个月结束后 60 日内公告

常用的基金名词

　　了解常用的基金名词是投资基金的基础。对于新基民来说，快速了解这些名词对具体的投资有很大的帮助。基金常用的名词见附表3。

附表3　基金常用名词及说明

常用名词	相关说明
基金资产总值	基金所拥有的各类证券价值、银行存款本息以及其他投资所形成的价值总和
基金资产净值	基金资产总值减去按照国家有关规定可以在基金资产中扣除的费用后的价值
基金资产估值	通过对基金所拥有的全部资产及所有负债按一定的原则和方法进行估算，确定资产公允价值的过程
基金单位资产净值	每份基金单位的净资产价值等于基金的总资产减去总负债后的余额，再除以基金全部发行的单位份额总数。开放式基金的申购和赎回都以这个价格进行
基金累计净值	基金单位资产净值与基金成立以来累计分红的总和
基金拆分	在保持投资人资产总值不变的前提下，改变基金份额净值和基金总份额的对应关系，重新计算基金资产的一种方式
工作日	上海证券交易所和深圳证券交易所的正常交易日
开放日	为投资者办理基金申购、赎回等业务的工作日

续表

常用名词	相关说明
T 日	销售机构在规定时间受理申购、赎回、基金转换或其他基金交易的申请日
T+n 日	T 日后（不包括 T 日）第 n 个工作日
建仓	一只新基金公开发行后，在认购结束的封闭期间，基金公司用该基金第一次购买股票或者投资债券等（具体的投资要根据该基金的类型及定位来确定）的行为。对于个人投资者来说，建仓就是第一次买基金的行为
持仓	投资者手上持有的基金份额
加仓	建仓时买入的基金净值涨了，继续加码申购
补仓	原有的基金净值下跌，基金被套一定的数额，这时在低位追补买进该基金以摊平成本的行为。被套就是投资人以某净值买入的基金跌到了该净值以下。例如，投资者花 1.5 元买的基金跌到了 1.15 元，就说投资者在该基金上被套 0.35 元
满仓	投资者账户中所有的资金都买了基金，像仓库满了一样。大额资金投入的叫大户，更大金额投入的叫主力；小额投入的叫散户，更小金额投入的叫小小散户
半仓	用一半的资金买入基金，账户上还留有一半的资金。如果用 60% 的资金叫六成仓……可以此类推。例如，如果投资者有 3 万元资金，1.5 万元买了基金，就是半仓，称半仓操作。它表示资金没有全部投入，是降低风险的措施
重仓	某只基金买某种股票，投入的资金占总资金的比例很大，这种股票就是这只基金的重仓股。同理，如果投资者买了三只基金，有 75% 的资金都投资在其中一只上，那么这只基金就是重仓，反之即为轻仓
空仓	投资者把某只基金全部赎回，得到所有资金，或者投资者把全部基金赎回，手中持有现金

常用名词	相关说明
平仓	买入后卖出，或卖出后买入。具体来说，例如今天赎回易方达基金，等赎回资金到账后，又将赎回的资金申购上投成长先锋，相当于调整自己的基金持有组合，但资金总额不变。如果是做多，则是申购基金平仓；如果是做空，则是赎回基金平仓。平仓容易跟空仓搞混，应注意区分
做多	表示看好后市，先以低净值申购某基金，等净值上涨后获得收益。做多就是做多头，多头对市场判断是上涨，就会立即买入基金，然后在上涨之后卖出，赚取中间的差价，总体来说是先买后卖
做空	认为后市看跌，先赎回基金，避免更大的损失。等净值真的下跌后再买入平仓，待净值上涨后赚取差价
踏空	由于基金净值一直处于上涨之中，投资者无法按预定的价格申购，一路空仓，就叫作踏空
逼空	基金涨势非常强劲，基金净值不断抬升，使做空者（即后市看跌而卖出的人）一直没有好机会介入，亏损不断扩大，最终不得不在高价位买入平仓，这个过程叫逼空
套期保值	改变基金的投资类型，以保证资金不减少。例如，为保证基金不被套，在市场不景气时可以把股票基金转为货币基金避险